주식투자 제대로 시작하라

주식투자 제대로 시작하라

초판 1쇄 인쇄 2008년 9월 8일
초판 1쇄 발행 2008년 9월 16일

지은이_ 하제누리
펴낸이_ 전익균

이사_ 송영욱, 임상현
기획_ 한성출판기획
마케팅_ 오정민, 김태욱   경영지원_ 최예란
디자인_ 이호영   교정, 교열_ 김미화, 이미순

찍은곳_ 예림인쇄   출력_ 한국커뮤니케이션   제본_ 바다제책

펴낸곳_ 에이원북스
주소_ 서울 강남구 역삼동 723-28 영빌딩 1, 2층
전화_ 02-3442-4393~4   팩스_ 02-3442-6771
e-mail _ aonebooks@hanmail.net   홈페이지_ www.assetclass.co.kr
등록번호_ 제16-4043호   등록일자_ 2006. 11. 28

값 11,000원

ISBN 978-89-92873-27-7 (13320)

INVESTMENT IN STOCKS

주식투자 제대로 시작하라

하제누리 지음

A ONE BOOKS 에이원북스

주식투자의 성공은 올바른 투자습관에 있다

올바른 투자습관은 원칙을 세우고 지키는 것에서 시작되어야 한다. 전설적인 투자의 귀재 워렌 버핏은 40여 년간 꾸준히 연평균 30% 내외의 경이적인 수익을 올리고 있다. 연평균 30% 수익은 월 2.5%의 수익률로, 상한가만 찾아 헤매는 수많은 개미투자자들이 볼 때는 '겨우 월 2.5%'라고 간과하고 말 수치일 수도 있다. 그런데 중요한 것은 그 수익률을 40여 년간 지속하고 있다는 점과, 같은 기간 다우존스 산업지수나 대형주 중심의 S&P500지수 상승률의 2배가 넘는 수익률이라는 점이다. 워렌 버핏은 기업의 가치를 보고 투자했고 장기투자로 수익률을 유지했다.

워렌 버핏의 절친한 친구인 월터 슐로스는 45년간 펀드를 운용하면서 고객의 돈을 721배나 불려줬다. 1,000만 원을 72억 원으로 불려놨다는 것이다. 월터 슐로스는 보통 4~5년 동안 주식을 보유하기 때문에 일별 주가흐름에는 연연하지 않았다.

워렌 버핏은 "평생 보유할 가치가 없는 주식은 단 10분도 보유하지 말라"라는 투자원칙을 가지고 있었고, 월터 슐로스는 남들이 전혀 쳐다보지도 않을 2류 주식이라도 저평가된 주식이라고 판단되면 과감하게 매수하는 전략을 갖고 있었다. 어떤 방법이 좋다거나 누굴 따라 하는 것이 좋다는 것이 아니다. 스스로의 원칙을 세우고 그 원칙을 습관처럼 유지하는 것이 중요하다는 것이다.

가치투자의 원조이며 "주식투자로 손해보지 말자"를 투자의 제1철칙으로 삼고 "제1철칙을 꼭 지키자"를 두 번째 원칙으로 삼고 있는 그레이엄의 영향을 받은 워렌 버핏과 월터 슐로스는 분명 투자 스타일이 다르다. 하지만 자신만의 투자원칙을 지킨다는 점은 같다.

탁월한 투자원칙은 어디에도 없다. 그런 투자원칙이 있다면 어느 누가 주식투자를 마다할 것이며 다른 재테크 수단은 존재의 이유도 없을 것이다. 우리가 투자할 대상인 기업의 본질적인 가치를 정확하게 파악하는 것을 전제로 투자원칙을 세우고 지키는 것이 최선이고 최고의 원칙이다. 물론 이것이 투자습관으로 자리 잡는다면 말이다.

재테크 수단으로 주식이 대중화되어 쉽게 접할 수 있기 때문에 일단 투자부터 하고 보자거나, 남들이 투자를 한다고 무턱대고 따라 하는 것은 어리석기 짝이 없는 일이다. 일단 투자부터 해본 결과 손해를 볼 경우 비싼 수업료를 냈다고 생각한다고 해서 마음이 편해질 리 없고 대단한 노하우를 발견한 것도 아니기 때문이다.

주식투자는 인터넷 고스톱게임처럼 사이버머니를 사용하는 곳이 아니다. 그럼에도 마치 사이버머니를 사용하듯 쉽게 발을 들여놓는 경우가 너무나도 많다. 이 경우 대부분 대박이나 요행을 바라는 마음을 가지게 되고 귀는 얇아지게 된다. 치명적인 바이러스에 노출된 다음 예방접종을 해봐야 무슨 소용이 있겠는가!

큰 수익을 내기 위해서 주식시장에는 매일 새로운 투자자와 막대한 투자자금이 유입된다. 그런데 과연 철저한 준비 하에 최소한의 능력을 갖추고 시작한 투자자가 얼마나 될까? 아니 있기나 한지 모르겠다.

　오전 9시에 개장해서 오후 3시에 마감하는 정규시장의 순간순간 흐름을 따라다녀 매번 수익을 낸다면 온 국민이 데이트레이더를 해야 옳다. 하지만 현실은 결코 대부분의 개미투자자들의 알토란 같은 투자금을 늘려주지 않는다. 그 이유는 투자원칙은 물론 투자습관도 만들지 않은 채 그저 남들이 하는 대로 따라가는 의미 없는 투자를 하기 때문이다.

　주식시장은 누구에게나 돈 벌 수 있는 기회를 주지만 누구나 돈을 벌지는 못하는 곳이다. 하지만 철저히 원칙을 지키는 투자자에게는 그 기회를 주는 곳이다. 요즘 일반투자자들은 이러한 내용은 훤히 꿰뚫고 있다. 그런데 정작 자신의 투자에는 제대로 적용을 못한다는 데 문제가 있다.

　아무리 좋은 말로 표현하고 어려운 전문용어를 써가면서 얘기를 한다고 해도 주식투자를 하는 이유는 돈을 벌기 위해서가 아닌가! 투자의 목적을 달성하는 데 가장 중요하고 절대 필수적인 요건이 원칙을 세우고 그 원칙을 바로 세우는 것이다. '제대로 말 안 하면 후회한다' 는 모 광고 카피처럼 투자원칙이 없는 투자는 시간 차가 있을 뿐 망하는 수순을 밟는 것과 다름이 없다.

투자자 스스로 자신에게 냉정해져야 하고 투자를 하지 않는 시점까지는 원칙을 지켜야 한다. 손해 본 다음에 후회를 한들 무슨 소용이 있을까. 주식투자는 기본적으로 손해를 볼 수 있다는 전제조건이 깔려 있는 재테크 투자다. 올바른 투자습관은 원칙을 지키면 따라오는 뗄래야 뗄 수 없는 강력한 연결고리를 가지고 있다는 것을 명심하자.

본문에서 이들의 투자원칙과 전략을 자세히 설명하겠지만 투자를 하겠다고 마음을 먹었다면 중간에 투자 마인드를 투기로 바꾸지 말아야 한다. 그래야 전설적인 투자가들을 흉내낼 수 있는 시작 단계에 설 수 있기 때문이다. 이미 길들여지면 좀처럼 바꾸기 어려운 것이 습관이다. "3살 버릇이 여든 간다"는 말이 괜히 나오지는 않았을 것이다. '자본주의의 꽃'이라고 부르는 주식시장이 생활 깊숙이 자리잡고 있고, 그로 인한 재테크가 생활화되어 있는 현실에서 이처럼 되새길 속담이 또 있을까 싶다.

생선을 싼 종이는 아무리 비싼 종이라도 생선냄새가 날 것이고, 향수를 싼 종이는 보잘 것 없는 휴지조각이라도 향수냄새가 날 것이다. 처음 주식투자를 한다면 투기라는 것과 욕심을 불러내는 조급함과는 절대 친하지 말아야 한다. 이미 투자를 시작했고 잘못 길들인 습관이 있다면 이유 여하를 막론하고 올바로 된 투자 마인드로 바꿔야 한다. 올바른 투자 마인드는 본문에서 자세히 설명하기로 하겠다.

하. 제. 누. 리. 2008. 8.

Contents

주식투자 제대로 시작하라

Part 1

당신이 주식투자에 실패하는 이유

Chapter 1

주식투자의 성패는 심리싸움에 달려 있다. 심리싸움에서 이
기기 위해서는 자신의 투자결정에 확신이 있어야 한다.

주식투자는 심리싸움이다

'자본주의 꽃'이라 불리는 주식시장은 돈의 위력(?)이 커질수록 대박을 노리는 투자자들의 기대감 역시 커지는 곳이다. 1,800여 종목이 상장돼 있는 이곳에서는 시장이 급락하고 대부분의 투자자들이 손해를 보더라도 매년 급등하는 종목은 반드시 나오기 때문이다. 하지만 한 번의 잘못된 결정으로 스스로를 도저히 회복하기 어려운 상황으로 내몰 수도 있다는 것을 명심해야 한다. 1/1,800의 확률에 승부를 건다는 것은 너무나도 어리석은 행동이기 때문이다. 그러면 지금부터 그것이 왜 문제인지 알아보자.

주식투자를 하는 투자자 대부분이 가장 어려워하고 쉽게 결정을

하지 못하는 것이 매도다. 투자자라면 "그때 그 주식을 사지 않았다면" 혹은 "그 주식을 팔지 않았다면" 하는 후회를 한 번쯤은 해봤을 것이다. 매수하지 말아야 할 때 매수를 하고, 매도하지 말아야 할 때 매도를 하는 잘못은 보이지 않는 수많은 시장참여자들과의 심리싸움에서 졌다는 것을 의미한다.

주식투자의 성패는 심리싸움에서 이기느냐 지느냐에 달려 있다. 이 심리싸움에서 이기기 위해서는 자신의 투자 결정에 확신이 있어야 한다. 그리고 확신이 생기기 위해서는 투자한 기업의 본질적인 가치를 정확하게 파악할 줄 알아야 한다. 그래야만 어설픈 시장흐름에 부화뇌동하지 않을 수 있다.

뇌동매매[1]는 일반투자자들에게 가장 많은 손해를 입히는 시장흐름이다. 공포감이 극에 달해 주식을 팔고 나면 다음날부터 바로 주가가 상승하는 경우를 누구나 한 번쯤은 경험했을 것이다. 문제는 정작 뇌동매매를 하는 본인은 뇌동매매를 하고 있다는 것을 모른다는 점이다. 단지 시장이 불안하여 마냥 보유하고 있어서는 안 될 것 같다고 판단하며, 이런 자신의 판단이 현명하다고 생각한다.

누구든 시장 상황이 불안하게 지속될 때 아무 일 없다는 듯 시장

---

1) 뇌동매매 : 자기 자신이 시세에 대한 확실한 예측을 갖지 못하고, 시장 전체의 인기나 다른 투자자의 움직임에 편승하여 매매에 나서는 것을 의미한다.

을 관망할 수는 없을 것이다. 하지만 그런 시점에서도 매수를 하는 투자자들은 있다. 이것을 생각한다면 적어도 바닥을 치는 최악의 투자 결정은 하지 않을 수 있지 않을까!

뇌동매매는 손절매[2]와는 다른 것이다. 손절매가 전략이라면 뇌동매매는 아무 의미 없이 손해를 실현하는 것이기 때문이다. 손절은 기회비용을 줄이고 새로운 종목을 공략하기 위한 적절한 시점을 포착하는 수순으로 이어진다. 하지만 뇌동매매는 '우선 팔고 보자' 식의 매도이기 때문에 새로운 종목을 공략하기 위한 흐름과는 상당한 거리가 있을 수밖에 없다. 흔히들 말하는 '현금화하고 시장의 흐름을 지켜봐야 한다'는 다소 추상적인 전략과도 거리가 있는 것이다. 뇌동매매는 그저 팔았다는 의미 외에는 별로 건질 것이 없는 것으로, 투매와 같은 개념이다.

매수건 매도건 결정은 절대 주관적이어서는 안 된다. 나 혼자 시장에서 그 종목을 매매하고 있는 게 아니기 때문이다. "팔지 말 걸" 하고 후회하게 되면 십중팔구 팔아버린 종목을 내가 판 가격보다도 더 높은 가격에 사는 우를 범하게 된다. 손해를 보지 않고 판 종목이라면 그래도 괜찮다. 하지만 손해를 보고 팔고 나서 더 비싼 가격에

---

2) 손절매 : 앞으로 주가가 더욱 하락할 것으로 예상하여, 가지고 있는 주식을 매입가격 이하로 손해를 감수하고 파는 일.

다시 매수를 하게 된다면, 이 무슨 바보 같은 짓인가!

　매수하는 경우도 마찬가지다. 나름대로는 신중하게 한다고 계속 지켜만 보다가 못 참고 덥석 사고 나면 그게 소위 꼭지가 되는 경우가 허다하다. 특히 대박을 노리고 테마주나 세력주를 매수했다면 손절매할 기회도 없이 하한가로 주저앉는 상황도 어렵지 않게 경험할 수 있다.

　주식은 하락하고 상승하는 흐름을 반복하는 살아 있는 움직임을 보인다. 하락의 끝단에서는 항상 상승이 나타나고, 그 상승이 어느 정도 지속되는가는 거래량과 시장참여자의 매수연속성에 달려 있다. 주식시장에서 가장 좋은 매수 기회는 바로 주가가 폭락하는 경우다. 이것처럼 좋은 호재는 없다. 주가하락이 커진 뒤로 신문이나 방송 또는 증권사 리포트를 보면 낙폭과대주를 주목하라는 이야기가 마치 공식처럼 나온다. 하락한 주가 자체가 호재라는 것이다.

　그런데 주식을 보유하고 있는 경우, 이러한 하락의 끝에서 견딜 수 있느냐가 관건이다. 인내의 마지막 국면과 상승반전 국면은 종이 한 장 차이다. 공포의 끝이 나타나는 시장흐름을 잘 포착한다면 주가하락의 마지막 국면을 잘 견딜 수 있을 것이고, 그 뒤로 반등 국면을 확인할 수 있을 것이다.

1. 개인투자자는 주가반전의 희생양?

시장에는 항상 증시를 낙관적으로 보는 전문가 집단과 다소 부정적으로 보는 전문가 집단이 공존한다. 특정 시점에서는 어느 쪽이 맞고 또 다른 시점에서는 어느 쪽이 틀렸다고 말할 수는 없다. 증시가 폭락하고 도저히 상승할 것 같지 않아 보이는 상황에서 시장을 낙관한 전문가 집단이나 매매 주체들이 강력하게 매도로 돌아서는 모습을 보인다면, 반전을 위한 시간이 다가오고 있다고 봐도 좋을 것이다.

증시는 악재에 민감하게 반응한다. 하지만 같은 악재가 몇 차례 반복적으로 시장에 노출되면 무뎌질 수밖에 없다. 급기야는 악재가 나와도 무덤덤한 반응을 보이고, 심지어 주가가 상승을 보이는 경우까지 있다. 이 경우 반등이 시작될 수 있다는 신호로 봐야 한다. 악재가 악재로서의 역할을 제대로 못한다면 무게중심이 상승 쪽으로 현저하게 옮겨가고 있다는 것을 의미하기 때문이다.

이러한 상황은 개별 기업의 주가흐름에서도 마찬가지다. 실적이 부진한 기업의 주가는 하락하기 마련이다. 그런데 하락을 지속하던 기업의 주가가 실적이 좋아졌다는 근거도 없는데 어느 순간 강세로 돌아선다. 이 경우 주가의 하락이 지나치게 컸기 때문에 그 기업의 본질가치를 밑도는 저평가 국면으로 들어서고 있다고 판단하는 투자자들이 유입되고 있는 것이다. 이 상황에서 매도를 한다면 허망한 결과만 볼 것이다. 하지만 남의 탓을 한들 무엇하겠는가! 개인투자자 스스로 주가상승 반전의 희생양이 되는 순간이 바로 주가반전의 신호인 것이다.

2. 주가는 수급이 좌우한다

호재나 악재, 즉 재료는 수요와 공급, 즉 수급을 불러내는 수단이다. 매수를 할 것인지 매도를 할 것인지 결정하기 위해서는 이러한 수급의 흐름을 체크해야 한다. 안 사면 큰일이라도 날 것처럼 신문, 방송은 물론 증권사 리포트들도 한결같이 매수만 부추기는 상황이라면, 일단 매수는 색안경을 끼고 봐야 한다. 팔 준비를 해야 한다는 것이다.

우연의 일치일 수도 있겠지만 특정 증권사의 추천종목을 해당 증권사 창구에서 가장 많이 매도하는 경우를 쉽게 볼 수 있다. 일부 개인투자자들이 똑똑해져서 시장의 변화에 빠르게 대응한다고 할 수도 있지만, 실제로 증권사 추천종목을 100% 믿을 수는 없다. 그럼에도 귀가 얇은 투자자들은 바로 이때 매수를 공격적으로 하는 잘못된 길을 선택하게 된다. 더욱 큰 문제는 원하지도 않는 장기투자를 하는 경우가 대부분 여기에서 시작된다는 점이다.

주식시장에서 수급관계 분석은 시장에 유입되는 자금의 흐름을 중심으로 하여, 새로운 주식공급과 예상되는 투자수요 사이의 불균형을 평가하여 시장 동향을 예측하기 위한 기술적인 분석방법이다. 단순하게 보면 수요에 비하여 공급이 많아지면 주가하락이 예상되고, 반대로 수요가 증가하면 주가상승이 예상된다. 이것 역시 전체 시장이나 개별 종목이나 마찬가지의 흐름을 보인다. 부지런히 체크하면 누구나 파악할 수 있는 내용인데, 이를 간과하는 투자자들이 대부분이다.

신규종목이 아무리 좋은 종목이고 성장성이 크다고 하더라도 보호예수물량이 나오기 시작하는 시점에 덥석 매수를 한다면, 어떤 경우라도 수익을 내기는 어렵다. 기존 종목도 증자물량이 나오는 시점이나 전환사채물량이 추가로 상장되는 시점에서는 수급이 균형을 이루기가 어렵다. 따라서 이 역시 덥석 매수하는 것은 원칙적으로 바람직한 투자가 될 수 없다.

수급을 거래량으로만 판단하는 것도 바람직하지 않다. 거래량은 주가흐름의 원인을 모두 포함하고 있기는 하지만, 수급의 문제를 해결하는 방법으로는 제한적이다. 수급 문제는 거래량과 시간이 해결의 열쇠다. 시장에서 자연스럽게 매물이 소화되고 안정적인 흐름을 만들기 위해서는 시간이 필요하다는 것이다. 그래서 주식투자에는 시간투자를 해야 성공할 수 있다고 한다. 이런 시간을 좀더 줄이기 위해서 필요한 것이 수급 확인이다.

돈이 있으면 당장 뭔가를 사고 싶어서 종목을 찾게 된다면 당신은 주식투자로 수익을 챙기기 어렵다. 왜냐하면 필시 수급이라는 것은 간과하고 주식을 사야만 수익을 낼 수 있다고 생각하기 때문이다. 현금을 보유하는 인내심을 갖지 못한다면 적어도 남보다 한 박자는 늦은 투자를 할 수밖에 없다. 현금을 보유하고 있다면 언제라도 수급이 확인된 종목을 매수할 수 있지만, 주식을 보유하고 있다면 수급이 확인되지 않은 상황에서의 기다림은 부질없는 시간낭비에 불과하다.

그런데 수급이 중요하다고 하여 거래량이 급격하게 증가하는 종목만 따라다니는 것도 효과적인 투자전략이라고 할 수는 없다. 단순하게 거래량이 증가해서 회전율이 큰 종목은 언제 누가 폭탄을 안고 주저앉을지 모르기 때문이다. 기업의 본질가치를 반드시 체크해서 긍정적인 흐름보다 부실의 빌미가 큰 경우에는 내일 상한가를 간다고 해도 비껴갈 줄 아는 혜안이 필요하다.

거래량만 증가하면 단타매매로 수익을 챙길 수 있지 않을까 해서 수급이고 뭐고 생각도 하지 않고 불나방처럼 달려드는 투자자들이 있다. 이는 필시 망하는 지름길이다. 모든 재료에 앞서 수급이 가장 중요하다고 누누이 강조하는데도 순간순간 시장흐름에 따라 판단하는 답답한 경우가 너무나도 많다.

이런 투자자들 중에는 꼭 저가주만을 매수하고 그 부류의 종목에서 대박을 내겠다는 나름대로의 원칙(?)을 세우는 경우가 적지 않다. 물론 이 경우 역시 나름대로 수급 상황도 체크를 한다. 하지만 수급은 기본적인 분석이 전제된 종목을 대상으로 해야 한다. 이것을 간과하는 경우에는 안정적인 수익을 내기 어렵다. 이미 주식투자를 하고 있다면, 그리고 번번이 실패만 반복했다면, 냉정한 투자전략을 세우고 지금까지의 매매에서 과연 수급을 제대로 체크한 적이 있는지를 되새겨봐야 한다.

만약 지금부터 새롭게 주식투자를 하겠다고 마음을 먹었다면 누구에게 종목을 추천해달라고 부탁하거나 신문이나 방송에서 제시하는 종목을 덥석 사기에 앞서 확인해봐야 할 것이 있다. 설사 100원,

아니 1,000원을 더 주고 사더라도 수급이 과연 어떻게 진행되고 있고, 앞으로 어떤 흐름을 보일 것인가에 더 많은 시간을 투자해야 한다. 현금을 가지고 있다면 언제라도 주식을 살 수 있지만, 보유한 주식은 언제라도 현금화가 되지 않을 수 있기 때문이다.

참으로 공교롭게도 내가 돈이 필요한 시점에서는 주식이 팔리지 않는 경우가 많은데 그 이유를 잘 생각해봐야 한다. 수급이 꼬여서 적당한 가격에 팔 수 없는 주식은 결국 최바닥에 팔든지, 아니면 어쩔 수 없이 보유하는 방법밖에 없다. 어떤 결정을 하더라도 투자자에게는 이로울 수 없다.

수급이 확인된다는 것은 시장참여자들의 공감대가 형성된다는 것을 의미한다. 따라서 시장이 약세 국면을 지속하고 다들 추가하락이 있을 것으로 예상을 하더라도, 거래량이 견조[3]하게 증가하고 수급 주체의 연속성이 유효한 흐름을 지속적으로 보여준다면 반전의 기대감이 커지고 있는 것으로 생각해야 한다.

"뒤안길에 꽃길이 있다"는 증시격언은 대부분의 투자자와는 다른 생각을 하라는 의미의 말이다. 수급으로 시장흐름의 변화를 포착하는 것이 정석이고 그래야 덤벙거리지 않게 된다. 덤벙거리지 않아

---

3) 견조(堅調) : 주가의 시세가 내리지 않고 높은 상태에 계속 머물러 있음.

야 수익을 챙길 수 있는 것은 두말할 나위도 없다.

3. 외국인투자자에 주목하라

증권시장에는 3대 주체가 있다. 외국인, 기관, 그리고 일반투자자가 그것이다. 그중에서도 우리 증시에서 외국인이 차지하는 비중은 절대적이라고 할 수 있다. 최근에는 공격적인 매도로 전체 비중이 30% 초반까지 내려왔지만, 한때는 40%를 훌쩍 넘기며 강력한 주도권을 잡았던 투자 주체였다.

가장 중요하게 지켜봐야 할 흐름은 외국인이 꾸준하게 사고 있는 종목이다. 외국인들이 어떤 종목을 꾸준하게 사들이고 있다면 이는 그 종목의 전망이 좋거나 호재에 대한 정보를 선취했을 가능성이 매우 크기 때문이다. 때문에 단발성의 대규모 매수보다 꾸준히 매집하고 있는 종목에 주목할 필요가 있다.

특히 시장이 하락 추세를 보일 경우 꾸준히 매수하는 종목과는 반대로, 시장이 강한 상승을 시도하고 있는 경우에는 잘 올라가고 있는데도 지속적으로 팔고 있는 종목을 반드시 체크해봐야 한다. 시장이 올라가고 있는데도 특정 종목을 계속해서 판다는 것은 목표가에 도달됐음을 의미하는 것이기 때문이다. 또한 시장이 전반적으로 오버슈팅[4]되어 있다는 신호탄일 수도 있다. 앞서 설명한 수급의 흐름이 경직되고 있다는 것과 같은 의미로 이해해야 한다.

반대로 주가는 약세를 벗어나지 못하고 있고 시장도 움츠리고 있는데도 특정 종목을 계속해서 매수하는 모습을 보인다면, "올라가지도 않는데" 하고 관심권 밖으로 밀어놓을 것이 아니라 매수해야 하는 근거가 있는지를 꼼꼼히 따져봐야 한다. 그리고 뭔가 빌미가 포착된다면 수급은 다져지고 있기 때문에 동참하는 전략을 취하는 것도 필요하다.

이 경우는 최근 들어서 펀드를 앞세운 기관들의 전략과 종목선정에서도 마찬가지다. 일반투자자들은 기관이나 외국인에 비해서 정보력은 물론이고 판단력, 자금력에서도 뒤쳐져 있다. 따라서 스스로 시장을 주도하는 전략을 취하기에는 버거움이 많다. 때문에 외국인을 무작정 따라 하는 것이 반드시 효과적인 전략은 아니지만, 근거가 명확한 상황이라면 추종하는 것도 효과적인 전략이 될 수 있다.

시장참여자들은 누구를 막론하고 투자수익을 내는 것을 목표로 한다. 기관이나 외국인이 주가하락 시점이나 시장의 약세 국면에서 주식을 매수하는 것은 수익을 낼 시점이 다가오고 있음을 의미하는

---

4) 오버슈팅 : 상품이나 금융자산의 시장가격이 일시적으로 폭등·폭락하였다가 장기균형 수준으로 수렴해 가는 현상을 말하는 용어로, 주식시장에서는 적정가격보다 지나치게 올라가는 상황을 말함.

신호 중 하나다. 특히 대주주가 자기 기업의 주식을 매수하는 경우는 좀더 설득력 있는 근거가 될 수 있다. 다만 기관과 외국인들은 중장기투자가 이루어지는 반면, 일반투자자들 중에는 짧은 단기매매를 선호하는 경우가 많기 때문에 그들이 사고 있는 종목이라도 선별해야 할 필요가 있다. 종목선정 방법과 투자시점에 대해서는 뒤에서 자세히 설명하겠다.

매수 결정을 언제 했느냐에 따라서 같은 종목이라도 수익을 주기도 하지만 때로는 형편없는 손실을 주기도 한다. 후회하지 않을 결정을 하기 위해서는 꼼꼼한 분석이 필요하고 그만큼 시간도 필요하다. 우리는 지금 다 쓰고 나면 다시 자금을 주는 사이버머니를 사용하는 인터넷게임을 하고 있는 것이 아니다. 한번 잃으면 그것으로 끝이라는 생각을 해야 한다.

주식투자를 하는 사람치고 귀가 얇지 않은 사람은 거의 없다. 하지만 급등하는 종목이라고 내 귀에까지 들렸다면 모든 투자자들이 알고 있다고 봐야 한다.

엉뚱한 시점에서 과감한 일반투자자

신중하게 결정하고 꼼꼼하게 점검하라고 한 것은 결정을 위한 전제조건을 명확하게 확인하라는 것이지 결정할 시점에서 머뭇거리라는 의미는 아니다. 그런데 필자가 상담을 하다 보면 이런 저런 흐름이 매수할 시점임을 알려줘도 살까 말까 머뭇거리다가 결국 올라갈 때까지 올라간 시점에서 과감하게(!) 매수하는 투자자들을 너무나도 많이 보게 된다. 이것은 결국 근거를 보고 미리 매수한 세력의 이익실현을 도와주는 결과가 된다.

참으로 안타까운 점은 그리고 나서 하락을 지속하게 되면 못 참고 바닥에 던지는 경우다. 주식은 누군가 사줘야 팔고 나올 수가 있다.

그 누군가를 끌어들이기 위해서는 주가상승에 대한 자신감을 줘야 하는데, 자신감이 생기는 시점은 의외로 주가상승의 끝단에서 나오는 경우가 많다.

최근 들어 일부 테마종목을 보면 바닥에서 5배, 10배, 많게는 20배까지도 올라가는 종목이 있다. "그 고점에서 과연 누가 겁도 없이 저 종목을 살까" 하고 보면 대부분 일반투자자라는 것에 놀라게 된다. "또 왜 저리 많이 올라간 종목을 저 꼭대기에서 샀을까" 하는 안타까운 마음도 크지만, 반복되는 실수가 더 속상하다.

왜 매번 고점에서는 일반투자자들이 당하게 될까? 엉뚱한 시점에서 결정을 하기 때문이다. 그리고 주가가 빠져도 좀처럼 손절을 결정하지 못하기 때문이다. 매수시점에서 주저하게 되면 결국 꼭대기에서 과감한 매수를 하게 되고, 매도시점에서 주저하게 되면 결국 바닥에서 주식을 팔게 된다.

주식은 올랐다 내리기를 반복하는 과정에서 심리싸움의 영향을 가장 많이 받는다. 누구도 내일, 아니 10분 뒤의 주가도 알 수 없다. 하지만 추세의 흐름이 이어질 것인지는 학습을 통해 추측이 가능하다. 추세매매는 투자자들의 심리를 반영하기 때문이다. 어느 누구도 자신의 의도대로 주가를 끌어갈 수는 없다. 따라서 무조건 올라간다고 떠벌리는 사람의 말은 믿을 것이 못 된다.

방송이나 신문에서 언급하는 종목은 무슨 프리미엄이라도 있는 듯이 신봉하는 투자자들이 대부분 앞서 언급한 상황을 자초하는 경우가 많다. 물론 이 투자자들도 기본적으로 '방송이나 신문에 나왔다고 무조건 사서는 안 된다'는 생각은 가지고 있다. 하지만 막상 그 종목이 내가 사지도 않았는데 올라가는 듯 싶으면 마냥 상승이 이어질 것 같은 생각에 참다 참다 결국 사게 되는 것이다.

기본적인 분석과 기술적인 흐름, 그리고 이를 뒷받침하는 수급이 유효한 모습을 보이고 있다면 머뭇거리지 말고 명확한 결정을 해야 한다. 그리고 매수하지 않기로 결정했다면 그 종목이 올라간다고 해도 그 흐름에 안타까워하지 말아야 한다. 그래야 다른 종목을 공략할 수 있는 기회를 노릴 수 있고, 또 고점에 덥석 따라 사서 낭패를 보는 상황을 만들지 않을 수 있기 때문이다. "그때 저 종목을 샀다면, 아니면 팔았다면" 하는 후회도 하지 않을 수 있다.

주식투자를 하는 사람치고 귀가 얇지 않은 사람은 거의 없다. 급등할 수 있는 종목이라는데 누가 귀를 기울이지 않겠는가. 하지만 급등하는 종목이라고 내 귀에까지 들렸다면 모든 투자자들이 알고 있다고 생각해야 한다. 내가 매수종목으로 결정하기에는 너무나도 많은 투자자들이 이미 사놓고 팔 기회를 노리고 있다고 생각하면 결정하는 데 상당한 도움이 될 것이다.

'분할매수는 해도 분할매도는 하지 않는다'는 원칙을 세운 투자자가 있다면, '분할매도는 해도 분할매수는 하지 않는' 투자자보다는 매수시점에서 머뭇거리는 경우는 줄어들 수 있다. 반대로 '분할매도는 해도 분할매수는 하지 않는다'는 원칙을 세운 투자자라면, 상대적으로 매도시점에서 머뭇거릴 가능성이 줄어들 수 있을 것이다. 매수시점에서 주저하는 투자자라면 분할매수를, 매도시점에서 주저하는 투자자라면 분할매도를 투자전략으로 삼는 것도 방법일 수 있다.

주식은 사는 것보다 파는 것이 더 어렵다. 수익이 났더라도 팔아서 현금화하지 않는 한 결코 수익이 났다고 볼 수 없다. 긴 기간을 투자할 종목이 아님에도 매일 평가익을 보면서 흐뭇해하는 투자자라면, 그리고 파는 시점에서 머뭇거리는 투자자라면 챙겨놓은 수익도 제대로 건지지 못할 수 있다.

매도가 어렵다면, 그리고 자신이 없어 머뭇거리는 투자자라면 분할매도 방법을 사용해보도록 하자. 목표수익에 도달했는데도 주가가 더 올라갈 것 같다고 끌어안고 있지 말고 최소한 절반은 과감하게 수익을 실현하자.

반드시 지켜야 하는 주식투자의 기본원칙

1. "주식을 사야 하나, 말아야 하나" 결정해야 한다면 최소한 서두르지 마라.

2. "설마 내려가겠어" 하는 마음으로 무책임하게 사는 것은 반드시 경계하라.

3. 시간을 함께 투자할 수 없는 급한 자금으로는 절대 접근하지 마라.

Chapter 3

망하는 투자자들의 대부분은 처음부터 잘못된 길로 들어섰음을 알아야 한다. 망하는 길만 피한다면 기회는 얼마든지 있다!

망하는 투자자는 처음부터 정해져 있다

주식투자는 수많은 재테크 수단 중에서도 마음만 먹으면 적은 자본으로도 시작할 수 있다는 점에서 비교적 접근성이 큰 방법이다. 접근성이 크다는 것은 쉽게 시작할 수 있는 있다는 것을 의미하지만, 한편으로는 신중하지 못한 접근으로 낭패를 보기 쉽다는 것을 의미하기도 한다.

우리는 주변에서 주식투자로 손실을 본 사람들의 이야기를 흔히 보고 듣는다. 하지만 "그들이 왜 손해를 봤는가"를 분석하기보다는 "일반투자자들은 손해를 보는구나" 하는 단순한 시각으로 접근하는 경우가 많다. 또한 주식투자로 대박이 난 경우는 그저 나와는 다른 대단한 전문가이거나, 소위 작전세력의 흐름에 부합되는 종목을 용케 투자대상으로 공략한 결과라고 생각한다. 아니면 대단히 운이 좋은 사람이라고 치부해버린다.

하지만 여기서 중요하게 봐야 할 것은 주식투자로 큰 손해를 본 경우나 큰 수익을 본 경우 모두 주식투자를 시작하는 시점부터 결론이 정해진 게임을 했다는 점이다. 어느 누가 주식투자로 망하기를 원하겠는가! 하지만 망하는 투자자들의 거의 대부분은 처음부터 잘못된 길로 들어섰음을 알아야 한다. 누구나 잘 할 수 있는 주식투자가 왜 대부분의 투자자들을 이처럼 망하는 길로 끌고가는지를 지금부터 생각해보자. 망하는 길만 피한다면 기회는 얼마든지 있지 않겠는가!

1. 욕심은 망하는 투자로 가는 지름길이다

첫 번째 이유는 당연히 욕심이다. 주식투자로 성급하게 대박을 노리는 욕심이 문제의 시작인 것이다. 돈을 벌기 위해 주식투자를 하면서 욕심 없는 사람이 어디 있을까? 하지만 무리한 욕심은 종목 선정 시점부터 돌이킬 수 없는 우를 범하게 만든다.

매년 주식시장이 납회를 하는 시점에서 올해 가장 많은 상승을 보인 종목을 보도하는 신문기사를 접하게 된다. 그럴 때면 대부분의 일반투자자들은 "저런 급등종목을 한 번 사봤으면" 하는 생각을 하게 된다. "기사대로 저점에서 사서 정확히 고점에서 팔았다면 몇 배가 남았을 텐데" 하는 생각도 하게 된다.

그러던 중에 누군가 솔깃한 얘기를 하게 되면 마치 대단한 기회라도 잡은 것처럼 여기게 된다. 곧 대박이라도 터질 것 같다. 지금 안 사면 난리라도 날 것처럼 앞뒤 안 재고 매수를 하게 된다. 5배 오른다더라, 10배 오른다더라 떠도는 소문이 내 귀까지 들려왔다는 건 모든 투자자들이 알고 있는 재료이거나 100% 허망한 소문일 뿐이다. 하지만 불행히도 손해를 도저히 돌이킬 수 없는 시점이 되어서야 이 사실을 인지하게 되고, 그 결과는 엄청난 손해로 나타나게 된다. 이런 경우는 특히 테마주[5]에서 많이 발생한다.

많은 일반투자자들은 비싼 주식보다는 싼 주식을 선호하고, 많은 수량을 사면 한방에 대단히 큰 수익을 남길 수 있다고 생각한다. 이런 시각이 시장에 흘러다니는 테마주의 급등과 교묘하게 결합되는데, 특히 이것들로 한 번 수익을 본 경우에는 결코 이 부류의 종목 외에는 거들떠보지도 않게 된다.

---

5) 테마주 : 특정한 시장의 이슈에 따라 같은 흐름을 보이는 종목군(재생에너지테마, 대중국테마 등).

주식투자는 카지노에서 대박을 꿈꾸는 슬롯머신이 아니다. 경마장의 순간승부도 아니고 타짜들이 즐비한 놀음판의 눈속임도 아니다. 기업의 가치를 사는 것이다. 기업의 가치를 분석하고 그 분석된 결과와 현재 주가를 비교하여 살지 말지를 결정하는 논리적인 투자인 것이다. 물론 의도적이고 오버슈팅되는 부분이 갈수록 많아지지만, 이 역시 근거 없는 종목에서는 일장춘몽일 뿐이고 근거 있는 종목에서는 당연한 기대감의 반영으로 해석되기도 한다. '저PER', '저PBR'이라는 용어로 포장된 것들이 모두 이런 내용을 담고 있다.

그런데 기업의 가치를 사는 것이라고 이야기하면 그저 기업의 가치가 저평가된 것만 사면 '만사OK'라고 생각하는 사람들이 있다. 하지만 이는 오산이다. 왜냐하면 '때'를 함께 사야 하기 때문이다. 거래량 증가나 매수 주체의 부각을 함께 점검해야 한다는 것이다. 그리고 이러한 정석적인 투자의 기본은 욕심을 접어놓을 때 비로소 와닿고 스스로 전략의 근간으로 자리매김할 수 있다는 것을 기억하자.

주식투자에서 가장 큰 적은 욕심이다. 바로 이 욕심이 누구나 잘할 수 있는 주식투자를 누구나 망하는 주식투자로 만든다. 하기야 돈을 벌기 위해 투자하는데 욕심을 접어놓고 시작하라는 것은 어불성설이라고 할 수도 있겠지만, 딱 한 번 매매하고 말 것이 아니라면

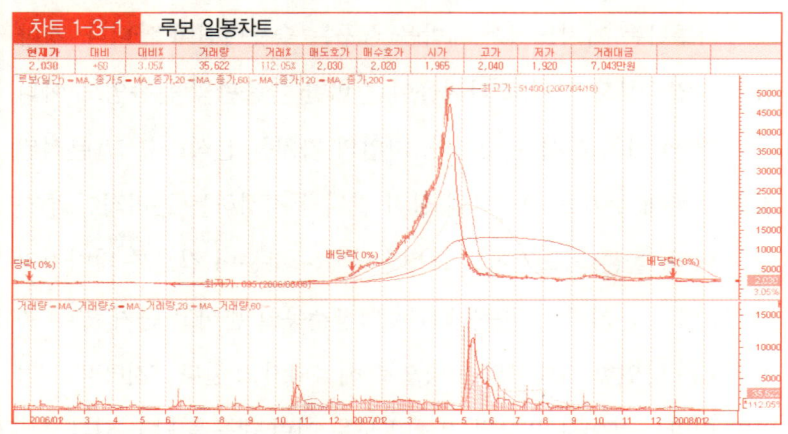

현재가	대비	대비%	거래량	거래%	매도호가	매수호가	시가	고가	저가	거래대금
2,030	+60	3.05%	35,622	112.05%	2,030	2,020	1,965	2,040	1,920	7,043만원

상한가 한방은 생각하지 않는 것이 좋다.

〈차트 1-3-1〉에서 보듯이 주가가 2,000원일 때는 안 사다가 5만
원일 때는 마구 따라가서 산 결과는 평생 되돌릴 수 없다. 욕심을 자
신감으로 연결시키는 것은 팔랑거리는 얇은 귀다. 아마도 5만 원이
넘어가면서는 6만 원, 아니 10만 원은 갈 것이라는 이야기가 나왔을
것이다. 2,000원부터 5만 원까지 간 걸 보면 6만 원도 충분히 갈 것
같다는 자신감은 과연 누가 심어줬을까? 누가 심어줬는가를 찾을 것
이 아니라 스스로 얇아진 귀를 탓해야 한다.

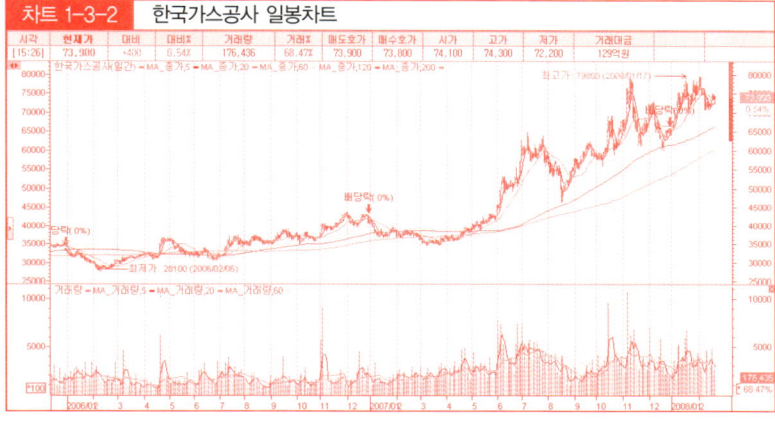

차트 1-3-2　한국가스공사 일봉차트

　같은 기간을 투자했다고 가정하고 한국가스공사를 보유했을 경우, L사가 저점이던 2006년 12월에 매수를 했다면 아마도 매수한 날로부터 6개월 동안은 속이 있는 대로 썩었을지 모른다. 하지만 시장이 급락하는 우여곡절을 겪고 있는 점을 감안하고 현재 주가를 볼 때는 누가 웃고 있을지는 자명하지 않은가.

　욕심을 부리는 투자자가 한국가스공사를 사지는 않았을 것이다. 욕심을 부린 투자자들은 L사를 샀을 가능성이 크다. 그 결과 주가가 원래의 자리를 찾아가는 과정 동안 속이 썩고 있음은 물론이고, 내가 산 가격을 다시는 기대할 수 없을지도 모르는 상황이 된 것이다.

　주가는 복원력이 있고 제값을 찾아가는 회귀본능도 있다. 복원력

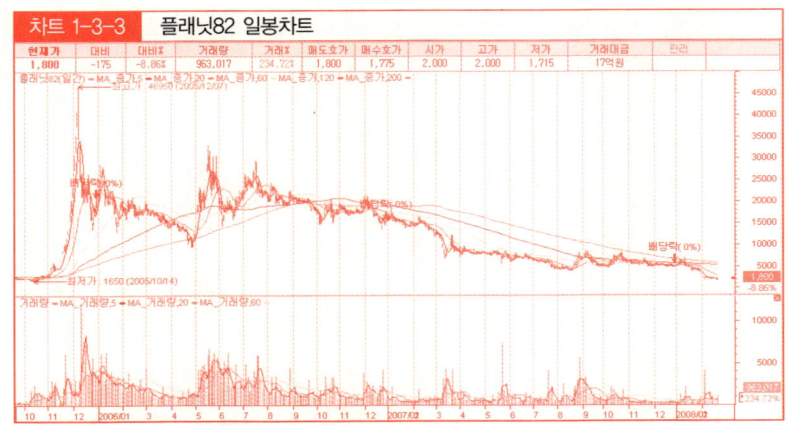

현재가	대비	대비%	거래량	거래%	매도호가	매수호가	시가	고가	저가	거래대금	관리
1,800	-175	-8.86%	963,017	234.72%	1,800	1,775	2,000	2,000	1,715	17억원	

은 우량주가 시장흐름 속에 큰 폭으로 하락했을 경우, 소위 낙폭과
대를 빌미로 매수할 때 목표치를 설정하는 근거가 될 수 있다. 반면
회귀본능이란 근거나 가치 없는 상승은 결국은 제값을 찾는 급락으
로 이어진다는 것이다. 경각심을 일깨우고 제대로 된 투자 마인드를
세우기 위해서 욕심을 갖고 덤벼드는 일반투자자들이 속절없이 당
하기만 했던 사례를 좀더 살펴보자.

〈차트 1-3-3〉을 보자. 대단한 성공 스토리로 포장된 경우다. 마
침 테마주나 세력성 종목들이 득세하던 시점이라 시장흐름과도 적절
하게 어우러진 상황이었다. 하지만 아무리 후한 본질가치를 주고 성

장성을 준다고 해도 오버슈팅도 한참 오버슈팅인 상황이다. 그럼에도 마구 따라간 투자자들은 기관이나 외국인이 아니었다. 물론 누군가는 교묘하게 저점에서 매수하고 고점에서 매도해서 2,745%의 수익을 챙겼을지도 모른다. 하지만 요행을 바라고 46,950원에 덥석 매수하는 것은 아무 생각 없는 바보 같은 짓이라고밖에 할 수 없다.

그러면 이 큰 손해를 어떻게 만회할 수 있을까? '배운 게 도둑질'이라고 급등할 종목을 찾아 헤맬 수밖에 없는 것이다. 그러나 문제는 자금이다. 투자할 자금이 무한정 있다면 될 때까지 해볼 수 있겠지만, 한정된 투자금을 이리 굴리고 저리 굴리는 일반투자자들이 기껏 생각해내는 것이 미수 아니면 신용이다.

2. 미수나 신용에 예외는 없다

두 번째 이유는 미수나 신용을 사용하는 것이다. 투자금액이 적을 경우에는 용케 급등종목을 잡았다고 해도 욕심을 채울 만큼의 수익을 내기가 어렵다. 그때 친절하게 손을 내미는 것이 증권사의 신용이고, 제2금융과 일부 유사금융업체들의 주식매수자금 대출이다. 2.5배는 기본이고 6배까지도 인심이라도 쓰듯 빌려준다. 미수동결계좌가 2007년 5월부터 실시되면서 주식투자자금 대출이 더욱 기승을 부리고 있다. 과연 이 업체들이 일반투자자들 돈 많이 벌라고 기회를 주는 것일까? 그럴 가능성이야 절대 없지만, 설령 그렇다고 해도 말일만 되면 이자는 곶감 빼먹듯 쏙쏙 빠져나간다.

사실 문제는 신용을 사용해서 또는 주식매수자금을 빌려서 우량주에 투자하는 것보다는, 이 자금을 이용해 한방 챙길 기회를 노리고 저가주를 공략하는 경우다. 주가도 빠지고 이자도 빠지다 보면 담보비율이라는 것이 등장하게 된다. 이 담보부족은 내 의사와는 상관없이 내가 보유한 주식을 매도할 수 있는 절대적인 권한을 가지고 있다. 결국 남의 돈 빌려서 몇 푼 더 벌려고 하다가 있는 돈마저 모두 날리는 결과를 초래하게 되는 것이다. 이렇게 되기까지 시간도 많이 걸리지 않는다.

그나마 담보부족으로 반대매매가 되든가 또는 만기가 돼서 매도를 하거나 매수세가 있어서 팔리는 경우는 최악은 아니다. 설사 내 계좌에는 투자금액의 10%만 남더라도 말이다. 더 큰 문제는 팔고 싶어도 팔 수 없는 경우다. 내 투자금액은 고사하고 빌린 돈도 모자라 돈을 더 가져다줘야 하기 때문이다. 이런 상황은 예전에도 있었고 오늘도 있고 내일도 있을 주식시장의 현실이다. 나만은 예외라고 생각해서는 안 된다. 이런 흐름에 휩쓸리지 않으려면 씨를 뿌리지 말아야 한다. 미수나 신용은 피해야 하고 절대로 가까이 하지 말아야 할 것이다.

3. 루머에 사서 뉴스에 팔아라

세 번째 이유는 올라가는 종목을 무조건 따라 사는 것이다. 급등하는 종목이라면 무슨 종목이든지 상관없다. 재무 상태나 기업의 내용은 차후에 알아보고, 빨리 사야 한다는 생각에 우선 주문부터 내고 본다. 가격이 자꾸 올라가면 호가를 바꿔서라도 사야 한다. 왜냐하면 매수하는 게 목적이기 때문이다.

'내가 사면 꼭지고 내가 팔면 바닥'이라고 푸념하는 소리는 객장 어디에서나 쉽게 들을 수 있다. 사지지도 않는데 호가까지 바꿔가면서 마구 따라가서 매수에 성공했다면, 이제는 바로 이 푸념을 할 차례다.

올라가는 종목은 반드시 이유가 있다. 하지만 그 이유가 주가를 마냥 상승세로 끌어올리는 근거가 될 수는 없다. 그럼에도 올라가는 주식만 보면 못 사서 안달이 나는 투자자라면 냉정하게 주식투자와는 인연을 끊어야 한다. 쉽게 갈 수 있는 길을 빙빙 돌다가 가지도 못하고 온 길로 되돌아갈 상황을 만들기 때문이다.

41

돈을 벌겠다는 것은 모든 투자자들의 목적이다. 그러면 가장 기본이 되는 것은 최소한 지금 투자한 돈을 지키는 것 아니겠는가? 낚시꾼이 떡밥으로 고기를 유인하는 것처럼 한번 찔러 보자는 생각으로 투자를 해서는 안 된다. 기회는 매번 있는 게 아니다. 주식시장은 냉정하고 가차 없는 승부만이 존재한다. 안타까워서 봐주고 안 되면 한 번 더 기회를 주는 곳이 아니다. 남들 따라서 사는 주식을 누군가는 즐거운 마음으로 팔고 있다는 것을 항상 잊지 말아야 한다.

〈차트 1-3-4〉는 인수합병을 빌미로 급등한 사조산업의 경우다. M&A재료는 주식시장에서 가장 큰 이슈이고 또한 늘 존재하는 재료다. 하지만 언제나 그렇듯이 외부로 노출되면 그 가치가 절대적으로 희석되는 것이기도 하다. 재료가 강한 시점에서는 아무리 매수를 하려고 해도 잘 되지 않는 게 주식이다. 반대로 매수체결이 되고 나면 빠지는 것은 순식간이다. 특히 M&A재료라는 것이 그렇다. 재료 때문에 매수를 했다면 재료가 노출되는 순간 추가상승이 나온다고 해도 매도하는 게 정석이다. 따라서 노출된 재료를 보고 따라 사는 것은 전략도 뭐도 아닌 그저 어리석은 매수에 지나지 않는다.

그렇게 입이 닳도록 '루머에 사서 뉴스에 팔라'고 말해도 뉴스가

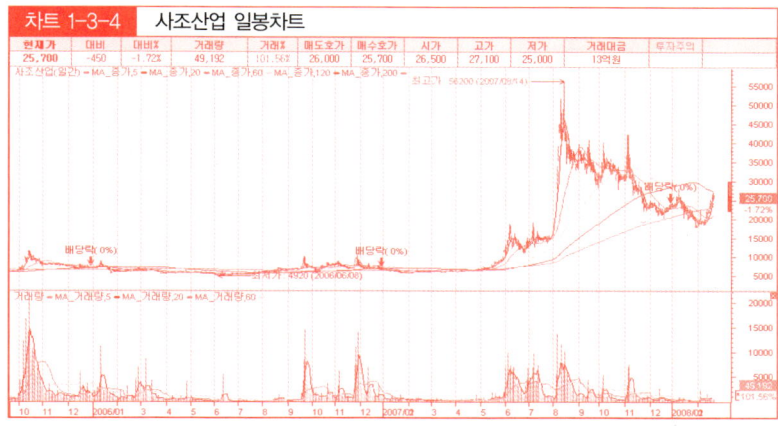

나오는 시점에 매수하는 투자자는 늘 있다. 도대체 돈을 벌자고 투자를 하는 것인지, 있는 돈 까먹자는 것인지 알 수가 없다. 주식투자가 물론 말처럼 쉽지는 않다. 하지만 시간을 투자하고 원칙대로만 한다면 요행을 바라는 카지노나 경마장의 한탕주의와는 다른 결과를 볼 수 있다. 그렇다면 과연 쉬운 주식투자는 어떻게 해야 할까?

쉬운 투자가 돈 번다

패스트푸드는 바로 먹기는 좋지만 비만을 불러오는 주범 중 하나다. 반면 슬로우푸드는 음식을 먹기 위해서 투자하는 시간이 많아야 하지만 결국 몸에는 좋다.

　1,800여 개의 종목을 다 보고 투자할 수는 없다. 주식을 매수해서 설사 하락하더라도 속 끓이지 않고 기다릴 수 있는 종목을 선별하여 그 종목으로 승부하는 것이 좋다. 주가만 빠지면 저녁에 잠 못자고 밥 못 먹는 불안감을 주는 종목이라면 애당초 쳐다보지도 말아야 한다. 나쁜 종목, 좋은 종목을 나눈다는 것이 쉬운 일은 아니다. 하지만 주식투자로 수익을 챙기려면 PER, PBR 등 기업의 가치를 평가하는 수치 정도는 반드시 확인하고, 지나친 흐름을 보이고 있다면 갈 듯해도 과감하게 매수하지 말자.

　귀가 얇지 않은 사람이라도 좋아 보이는 주식을 사다 보면 지나치게 종목 수가 많아지는 경우가 있다. 무슨 종목 백화점을 차려놨는지 30개가 훨씬 넘는 종목을 보유하고 있다면 필시 수익을 얻을 기회는 요원할 것이다. 보유종목이 많을수록 계좌의 수익을 까먹는 종목 또한 많아지기 때문이다. 몇 종목을 보유하는 것이 최적이라는 정답은 없다. 하지만 적어도 내가 보유한 종목의 흐름을 충분히 이해하고 파악하기 위해서는 3~4종목 정도가 최적이라고 본다. 이 종목도 올라갈 것 같고 저 종목도 올라갈 것 같다고 해서 다 사는 것도 역시 어리석은 투자다.

주식투자는 수익을 내기 위해서 하는 것임에도 불구하고 전화를 이용하거나 종일 객장에 앉아서 주문을 내는 투자자도 많다. 증권사는 투자자가 수익을 내든 못 내든 수수료는 꼬박꼬박 떼어간다는 것을 알아야 한다. 수익을 내서 떼어준다면 별 상관없겠지만 손해를 보고 팔아도 꼬박꼬박 수수료를 떼인다면 속상한 일이 아닌가. 증권사 좋은 일 하지 않는 것도 쉬운 주식투자를 위해서는 꼭 필요하다.

매매를 많이 한다고 수익이 커지지는 않는다. 그런데 무슨 게임을 하듯 사고팔기를 좋아하는 투자자가 의외로 많다. 하지만 매매를 자주 하게 되면 보유한 종목에 대한 자신감이 사라지고, 좋지 않은 이야기만 들리면 바로 팔아버리는 기계적인 매매를 하기 쉽다.

세계적인 투자의 귀재들은 한결같이 단기매매를 권하지 않는다. 왜냐하면 기업의 가치라는 것이 주가에 반영되는 시간 동안은 적어도 투자를 해야 하기 때문이다. 주식으로 돈 번 사람들이 단기매매를 권하지 않는다는 것은 돈 버는 방법이 아니기 때문이다. 보유할 수 있는 종목을 찾아내기 위해서 많은 시간을 투자해야 하고, 일단 보유할 종목이 선정되면 불안감을 갖지 말고 기다리는 전략이 필요하다.

손해가 커져서 어쩔 수 없이 장기보유하는 우를 범하지 않아야 절반은 성공할 수 있고, 그래야 쉬운 투자가 될 수 있다. 일희일비해서는 절대로 제대로 된 투자를 할 수 없다. 올라가면 흐뭇해하고 떨어지면 불안해해서는 안 된다. 주식투자를 함에 있어서 차트로 모든 걸 파악하려는 투자자가 가장 일희일비하기 쉽다. 물론 차트를 무시하는 투자가 정석은 아니다. 하지만 작심하고 스켈퍼[6]가 될 것이 아니라면 차트를 맹신해서는 안 된다.

워렌 버핏이 차트를 보고 매매한다면 뉴스에 나지 않을까? 그랬다면 과연 세계적인 투자의 귀재로 불릴 수 있었을까? 물론 단기매매라는 것이 매력은 있다. 하루에 15%씩 매번 수익을 낸다면 재벌이 되는 건 시간문제가 아니겠는가! 생각만 해도 기분 좋은 일이다. 하지만 어디 주식시장이 그리 만만한가! 단기매매를 일삼아 해야 하는 사람은 매매수수료를 챙길 수 있는 투자자나 그 기관이 유일하다. 하루에도 수백 번씩 사고 팔아도 되는 아주 잘 만들어진 HTS를 십분 활용하는 투자자들은 결코 긴 수명을 가질 수 없고, 마음만 바쁘다가 소리 없이 사라지게 된다는 것을 반드시 명심해야 한다.

---

6) 스켈퍼 : 하루에도 몇십 번 이상 초단타로 일관하는 데이트레이더를 지칭하는 말.

망하는 주식투자의 지름길

1. 대박을 노리는 욕심으로 매매를 한다.

2. 미수 · 신용 · 몰빵으로 승부수를 건다.

3. 좋다는 얘기만 들리면 무조건 산다.

4. 수익이 날 때까지는 절대 팔지 않는다.

Q : 주식시장에는 용어가 너무 많고 어려워요. 기본적으로 알아야 할 중
　　요 용어는 무엇인가요?

A : 주식투자를 처음 시작하는 초보 투자자들이 맨 처음 부딪치는 문제
　　는 무엇일까? 종목선정 방법과 매수·매도 시점을 잡는 것도 어렵
　　다. 하지만 사실 가장 어려운 문제는 주식시장에서 사용하는 용어가
　　아닐까 싶다. 상담을 하다 보면 초보 투자자들은 물론 주식투자를
　　제법 해왔던 투자자들도 "그냥 사고 팔면 되는 줄 알았는데 증권사
　　에서 나온 리포트를 보면 무슨 말인지를 모르겠다"는 말을 많이 한
　　다. 사실 주식용어가 한두 개도 아니고 자고 나면 새로운 용어가 나
　　올 정도로 바쁘게 돌아가는데 그 내용을 다 꿰고 있을 수는 없다. 하
　　지만 기본적으로 내가 살 종목의 가치가 어느 정도인지는 알아야 하
　　고, 그러기 위해서는 최소한 용어가 무엇을 의미하는지는 알아야 한
　　다. 기업의 재무 상태를 파악하기 위한 기본적인 용어를 알아보자.

PER '주가/주당순이익(EPS)' 으로 표시되는 것으로 '주가수익비율' 을 의미한다. 주가를 주당순이익으로 나눈 것이 PER인데, 통상적으로 PER 수치가 높을수록 상대적으로 비싼 주식으로 평가한다. 따라서 저PER주라는 것을 종목선정의 근거로 삼기도 한다(경우에 따라서는 고PER주를 주목하는 경우도 있다).

예를 들어 1년에 400억 원의 이익을 내는 기업이 총 1,000만 주를 발행해놓고 있다면, 이 기업은 1주당 약 4,000원의 이익을 내고 있다는 것이다. 이 4,000원을 주당순이익(EPS)이라고 하고, 현재 주가를 이 주당순이익으로 나눈 것이 바로 PER이다. 즉, 이 기업의 현재 주가가 8,000원이라면 4,000원인 주당순이익의 2배이므로, PER은 2배가 된다. 그런데 만약 이 기업의 주가가 80,000원이라면 PER은 20배가 되고, 벌어들이는 돈보다 상당히 높은 가격이라고 볼 수 있다. 그러므로 PER이 높을수록 주가는 주당순이익보다 지나치게 높게 평가받고 있는 것이기 때문에 상대적으로 비싼 것이고, 반대로 PER이 낮으면 주가가 싸다고 볼 수 있는 것이다. 그래서 주식시장에서는 기업의 수익성에 비해 저평가된 종목을 고르는 원칙으로 PER을 활용하는 것이다.

그런데 여기서 PER이 2배면 싸고 PER이 20배면 비싸다는 단순한 판단을 하기보다는 시장 전체적인 PER과 매수할 종목의 PER을 비교해서 상대적으로 저평가되어 있는지를 확인하는 것이 중요하다. 시장 평균 PER이 14배 정도인 경우 특정 종목의 PER이 10도 안 된다면 저평가 상태임을 생각해야 한다. 이 역시 누차 언급한 것처럼 기본적 분석을 전제로 해야 한다.

또한 PER을 계산할 때 사용하는 순이익은 전년도(전분기) 수치를 가지고 계산하기 때문에 현재의 주가가치를 제대로 알 수 없다는 약점이 있기도 하다. 따라서 무조건 이 수치를 절대 원칙으로 삼기보다는 시장흐름과 비교하는 수치로 보는 것이 중요하다.

PBR '주가/주당순자산(BPS)'을 나타내는 수치로 '주가순자산비율'을 의미한다. PBR은 기업의 자산을 주가에 반영하는 것으로 이해할 수 있는데, 흔히 '자산주'라는 개념과 같은 것으로 봐도 무방하다. 이론적으로 보면 기업을 청산할 경우 주당 돌아갈 수 있는 기업의 가치가 어느 정도인가를 수치상으로 확인해보고, 그 수치를 근거로 현재 주가를 가늠하는 것을 의미한다. 흔히 현재 시가에 비해 장부상 저평가된 부동산을 보유하고 있을 경우, 따라서 PBR이 1보다 낮다는 것은 기업이 보유한 자산을 팔면 현재 시가총액보다 많은 현금이 유입된다는 것을 의미한다. 따라서 현재 주가는 저평가돼 있다고 볼 수 있는 것이다.

대부분 많은 토지를 보유한 기업이나 비싼 값의 토지를 장기간 보유하고 있는 기업의 경우, PBR을 근거로 종목을 분석하기도 한다. 물론 가치투자의 원조인 벤자민 그레이엄[9]의 투자시점과 현재의 투자시점을 동일선상에서 평가하고 분석하는 것이 효과적일 수는 없다. 다만 주식시장에서는 불안정한 시장흐름이나 테마주가 득세할 경우 자산주가 강세를 보이는 경우가 많기 때문에 주목할 필요는 있다.

BPS '주가/순자산' 으로 나타내는 수치로 '주당순자산가치' 를 의미한다. 순자산이란 기업의 총자산에서 총부채를 뺀 자기자본에서 상표권, 영업권 등 무형고정자산과 배당금, 임원상여금 등 사외유출분을 제외한 것으로, 만일 주당순자산이 주가보다 높은 경우 주주들은 회사 청산시 현재 주가 수준 이상의 자산을 배분 받을 수 있다. 순자산가치는 하회할 수 없다. 증시 침체시에는 이러한 기업들의 주가에 주목할 필요가 있다.

ROE '(자기자본/당기순이익)×100'으로 나타내는 수치로 기업이 투자한 자본을 사용하여 이익을 어느 정도 올리고 있는가를 나타내는 지표로 사용된다. ROE는 '자기자본수익률'이라고도 한다. 예를 들면, ROE가 10%라면 연초에 1,000만 원을 투자했을 경우 결산기에 100만 원의 이익을 냈다는 것이다. 이런 자기자본이익률이 높은 기업은 자본을 효율적으로 사용하여 많은 이익을 내는 기업으로, 주가도 그만큼 높게 형성되는 경향이 있다. 또한 ROE가 시중금리보다 높아야만 투자자금의 조달비용을 넘어서 순이익을 낼 수 있기 때문에 종목선정의 지표로서의 의미가 크다. 만약 ROE가 시중금리보다 낮다면 투자금액을 은행에 예금하는 것이 훨씬 낫기 때문이다.

EPS '당기순이익/기말발행주식수'로 표시되고 당기순이익을 주식수로 나눈 '주당순이익'을 의미한다. EPS는 당기순이익이 늘면 높아지게 되고 전환사채의 주식 전환이나 증자로 주식수가 많아지면 당연히 낮아지게 되는데, 주가는 원칙적으로 이 주당순이익에 의해

결정된다고 봐야 한다. 즉, 회사가 이익을 많이 낼수록 주가는 올라
가는 것이 당연하고 이익을 내지 못한다면 하락해야 하기 때문이다.

EPS가 높다는 것은 그만큼 기업 경영을 잘했고 따라서 수익이 증
가하고 있다는 것을 의미하고, 따라서 배당 여력도 많아지게 되어
주가에 긍정적인 영향을 미치게 된다. 특히 중장기투자를 하는 외국
인들의 투자 포인트 중 하나가 배당이라는 점을 감안하면 EPS의 크
기가 중요시되는 것은 추세라고 봐야 할 것이다. 소위 블루칩으로
불리는 대형 우량주의 주가가 고가이면서도 여전히 외국인 및 기관
에 의해 선호되는 바로 EPS가 높다는 데 있음을 기억하자.

ROA '기업이 일정 기간 동안의 순이익을 자산총액으로 나누
어 나온 수치'를 의미한다. 특정 기업이 자산을 얼마나 효율적으로
운용했느냐를 나타내는 것으로 기업의 총자산으로부터 당기순이익
을 얼마나 올렸는가를 가늠하는 지표다. 금융기관에 있어서는 특정
금융기관이 총자산을 얼마나 효율적으로 운용했느냐를 나타내는 지
표이고, 금융기관이 보유자산을 대출, 유가증권 등에 운용해 실질적
으로 얼마만큼의 순익을 창출했는지를 나타낸다.

CPS   '(당기순이익+감가상각비)/총발행주식수'로 표시하며, 주당현금흐름으로 주가가 주당현금흐름의 몇 배인지를 나타내는 지표로 작을수록 주가는 상대적으로 저평가되어 있다는 의미로 이해된다. 이 지표는 주가수익율인 PER의 연장이라고 볼 수 있다.

EBITDA   '영업이익+순금융비용+감가상각비'로 표시하며 수익성을 나타내는 지표로 기업의 실질적 가치를 평가하는 중요한 잣대로 사용된다. 이 지표는 이자비용을 이익에 포함하기 때문에 자기자본과 타인자본에 대한 기업의 실질이익 창출 금액과 현금지출이 없는 비용인 감가상각비를 비용에서 제외함으로써 기업이 영업활동을 통해서 벌어들이는 현금의 창출 능력을 보여준다.

유보률   '잉여금(자본잉여금+이익잉여금)을 합한 금액을 납입자본금으로 나눈 비율'로서, 기업의 설비확장 또는 재무구조의 안정성을 위해 어느 정도의 사내유보가 되어 있는가를 나타내는 지표이다. 즉, 회사 내에 쌓아놓은 현금을 의미한다. 일반적으로 유보율이 높다는 것은 재무구조가 탄탄하고 무상증자나 투자할 재원이 충분하다는 것이다. 따라서 종목을 고를 때 유보율이 높은 종목을 고른다는 것은 일단 재무상 안정적인 종목을 선정한 것으로 볼 수 있어 투자의 위험을 줄일 수 있다는 의미로 이해된다.

지분법   지분법이란 자회사의 순손익을 보유지분만큼 모회사의 경영실적에 반영하는 제도로, 지분법을 적용하면 투자회사가 자회사의 배당정책을 조정하거나 내부거래를 통해 순이익을 조작할 위험을 방지하는 효과를 기대할 수 있다. 최근 들어서는 정부의 정책과 어우러지면서 지주회사 체제가 강하게 부각되고, 증시에서는 재료로서 강한 상승의 빌미가 되고 있기도 하다. 하지만 중요한 것은 지주회사가 아니고 그 기업의 지분법 반영 결과 모회사의 실적이 증가하는지 손실이 추가되는지를 체크해야 한다.

물론 주가가 현재 저평가돼 있는지 아니면 지나치게 거품을 포함하고 있는지를 몇 개의 수치로 판단할 수는 없다. 하지만 기본적으로 기업의 가치를 평가하는 잣대로서 시장에 미치는 영향이 큰 점을 간과할 수는 없는 만큼 적어도 위에 제시한 수치들은 매수 전에는 꼭 확인하고 시장 전반적인 흐름과 비교하는 수고를 아끼지 말아야 한다.

지금까지 설명한 용어를 재무제표상 표를 보고 정리하면 다음과 같다.

주당가치지표

[단위 : 원]

구분	2005. 12	2006. 12	2007. 12	2008. 03
주당순이익(EPS)	49,970	52,816	49,532	59,808
주당매출액(SPS)	371,085	987,130	422,826	458,406
주당순자산(BPS)	230,354	262,590	299,721	308,986
주당현금흐름(CFPS)	96,104	98,625	103,606	82,530
전년동기대비EPS증가율	−26,41	5,70	−6,22	54,35
전년동기대비SPS증가율	3,12	4,32	9,22	19,74
전년동기대비BPS증가율	15,13	13,99	14,14	19,77
전년동기대비CFPS증가율	−10,21	2,62	5,05	42,00

내재가치지표

[단위 : 배]

구분	2005. 12	2006. 12	2007. 12	2008. 03
PER(최고/최저)	13,24/8,70	14,10/10,39	13,86/10,23	10,41/8,62
PSR(최고/최저)	1,78/1,17	1,91/1,41	1,62/1,19	1,35/1,12
PBR(최고/최저)	2,87/1,88	2,81/2,09	2,29/1,69	2,01/1,66
PCR(최고/최저)	6,88/4,52	7,50/5,56	6,63/4,89	7,54/6,25

EBITDA 지표

[단위 : 억 원, 배]

구분	2005. 12	2006. 12	2007. 12	2008. 03
기업가치(EV)	1,082,814.76	1,012,545.39	916,711.38	1,019,1511.95
EBITDA	137,635,81	147,069,61	154,558,93	43,990,35
EBITDA/매출액	0,23	0,21	0,21	0,24
EBITDA/금융비용	57,61	41,68	39,15	60,40
EV/EBITDA	7,87	6,88	5,93	0,00

주요지표

[기준일 : 2008. 03. 31] [단위 : %]

매출액 증가율		ROE		영업이익율		부채비율		유보율	
당사	18,92	당사	16,71	당사	12,59	당사	27,11	당사	6,839,65
업종평균	1,01	업종평균	3,53	업종평균	1,80	업종평균	46,50	업종평균	484,42

Part 2

Chapter 1

돈 들여가며 실전매매를 통해 손해를 겪어보는 것도 방법일
수 있다. 가장 확실하게 와닿는 방법이기 때문이다.

주식투자, 공부부터 시작해라

"주식투자! 무엇부터 어떻게 시작해야 할까?" 하고 고민하고 있다면 무조건 공부부터 시작하라! 그러면 무슨 공부를 어떻게 해야 할 것인가? 돈 들여가면서 실전매매를 통해 손해를 겪어보는 것도 방법일 수 있다. 가장 확실하게 와닿는 방법이기 때문이다. 실제로 대부분의 투자고수들은 실전에서 손해를 볼 만큼 보고 나서야 주식에 접근하는 방법을 깨우치고 노하우를 습득했다고들 이야기한다.

요즘 주식시장은 용어를 모르면 도대체 시장이 어떻게 흘러가는지 알 수도 없을 정도로 하루가 다르게 새로운 용어들이 나온다. 시

장을 이해하기 위해서는 최소한 이들 용어가 도대체 무슨 뜻인지는 알아야 한다. 외국인에게 우리 증시가 개방되기 전에는 저PER이라든지 저PBR 자산주[7]라는 개념은 존재하지도 않았다. 그저 시장 분위기만 잘 파악하면 그것이 성공투자로 이어지곤 했다.

예를 들어 증권주 한 종목이 상한가를 치면 나머지 증권주들은 마치 정해놓은 순서라도 있는 듯 순차적으로 상한가를 기록했다. 하락하는 경우도 거의 유사한 흐름을 보였다. 그야말로 주먹구구식으로 시장을 파악해도 들어맞는 경우가 많았던 것이다. 어쩌면 그 당시는 공부보다는 눈치로 접근하는 것이 훨씬 성공 확률이 컸는지도 모르겠다.

주먹구구식 투자가 가능했던 과거와 논리적이고 수치화에 따른 투자를 해야 하는 지금의 투자전략에는 분명한 차이가 있다. 하지만 바뀌지 않은 것이 한 가지 있는데, 그건 바로 예나 지금이나 한탕을 노리는 투자자들이 애용하는 신용매매[8]다. 주식투자를 처음 시작하는 투자자가 첫 번째 매매에서 수익을 내게 되면 주식시장을 얕잡아 보며 지나친 자신감을 갖는 경우가 생기게 된다. 이 경우 한 번 더

---

7) 자산주 : 업적이 안정되어 있으며 그 때문에 배당률의 변동이 적고 자산 내용이 견실한 주식을 의미하는데, 이와 같은 주식은 인플레이션 헤지(inflation hedge)의 목적에도 부합되므로 장기적으로 보유하고 있어도 유효한 경우가 많다. 보통은 보유자산과 현재 주가의 합인 시가총액을 비교하는 경우가 많다.
8) 신용매매 : 자신의 투자금액을 담보로 증권사에서 돈을 빌려 주식에 투자하는 매매.

종목선정에 성공을 하게 되면 누가 말릴 겨를도 없이 욕심은 더욱 커지게 되고, 그 욕심을 채우기 위해서 신용을 사용하는 투자를 하게 된다. 이 잘못된 전략의 시작은 대부분 허망하고 속절없는 결과를 낳는다.

소중한 당신의 투자자금을 헛되게 허공에 날리지 않기 위해서는 절대 하지 말아야 할 것도 있다. 반대로 반드시 기억하고 있다가 아무리 시장이 급하게 돌아가도 매매 전에 반드시 체크해야 할 것들도 있다. 실제로 시장흐름은 물론 경제 상황을 죄다 꿰고 있는 경제학자라고 하여 주식투자를 잘하는 것은 아니다. 반대로 경제 흐름에 어두운 시골 노인들이 모두 주식투자를 못하는 것도 아니다. 반드시 해야 할 것과 하지 말아야 할 것을 알고, 아는 것을 실제 상황에 제대로 적용할 수 있다면, 그리고 시간을 투자할 수 있다면 투자자 누구나 수익을 낼 수 있다. 자, 지금부터 주식투자를 하기에 앞서 무엇을 공부해야 하는지 살펴보자.

사실 주식투자는 책 몇 권 암기해서 시험을 보고, 그에 따라 수익을 얻는 것이 아니기 때문에 공부를 한다는 것이 난감하기도 하다. 하지만 스스로 목표가를 설정하고 손절가를 설정할 수 있는 능력까지 키우고 난 후에 주식투자를 시작한다면 든든하지 않겠는가! 재무제표는 그 기업의 본질가치는 물론 향후 기업가치까지도 모두 포함하고 있다. 재무제표를 통해 기업의 재무 상태를 먼저 살펴보자.

코스닥 상장기업 중에는 동네 슈퍼마켓보다 못한 기업들도 부지기수다. 1년에 영업이익이 1억을 간신히 넘긴 기업도 있고, 아예 3~4년간 수익은 고사하고 손실 폭만 키우는 기업들도 참으로 많다. 문제는 이런 종목들이 테마주니 세력주니 하는 미명 하에 급등 시도하면서 순진한 초보 투자자들을 부추기고 있다는 점이다.

재무제표 중 누적손익계산서 [단위 : 억 원, %]

항목	2003. 12. 31	2004. 12. 31	2005. 12. 31	2006. 12. 31	2007. 09. 30	전년동기대비 증감률
매출액	49.2	58.6	40.1	191.5	205.9	115.3
매출원가	31.1	43.8	25.6	140.9	191.7	231.9
매출총이익	18.1	14.8	14.5	50.6	14.3	-62.4
판매비와 관리비	16.3	4.0	35.8	58.8	40.3	-5.0
영업이익	1.8	10.8	-21.3	-8.3	-26.1	-474.6
영업외수익	2.6	1.3	1.0	2.5	4.6	243.4
지분법이익	–	–	–	–	–	
영업외비용	34.2	3.1	1.7	16.7	6.4	233.5
지분법손실	0.5	2.2	0.0	0.0	0.0	0.0
법인세비용차감전계속사업이익	-29.8	9.1	-21.9	-22.4	-27.8	-445.3
계속사업손익법인세비용	10.7	1.2	0.0	0.0	0.0	0.0
계속사업이익(손실)	-40.5	7.8	-21.9	-22.4	-27.8	-445.3
중단사업이익(손실)	–	–	–	–	–	
당기순이익	-40.5	7.8	-21.9	-22.4	-27.8	-445.3
보통주배당률(%)	–	–	–	–	–	

상기 종목은 코스닥의 S사의 손익계산서다. 매출액은 증가하는 모습을 보이고 있지만 매출액 증가에 필요한 매물원가가 매출액 증가보다도 2배 이상 많은 모습을 보이고 있어 당기 순손실 증가에 결정적인 역할을 하고 있음을 알 수 있다. 따라서 동 종목은 기업의 가치가 증가되는 종목으로서의 평가를 받을 근거가 없다고 봐야 한다. 이런 종목의 경우 통상적으로 거래량도 감소하고 시장 관심권에서 멀어지는 모습을 보이게 된다.

손익계산서는 매수할 종목과 매수하지 말아야 할 종목을 우선 선별하는 잣대가 될 수 있는 지표로, 1,800여 개 종목 중에서 계좌에 해가 될 수 있는 종목을 피해가기 위해 반드시 짚고 넘어가야 한다. 물론 재무 상태가 좋다고 해서 반드시 좋은 기업이고 수익을 줄 종목이라는 의미는 아니다. 하지만 최소한의 운신의 폭을 스스로 확보하기 위해서는 이를 간과하지 말아야 한다.

Chapter 2

경제 전반을 아는 투자자는 시장의 흐름을 읽을 수 있지만
모르는 투자자는 시장을 따라갈 수밖에 없다.

글로벌시장의 흐름을 읽어라

글로벌시장의 흐름에는 너무나도 많은 것들이 포함되어 있다. 따라서 모든 것을 다 파악할 수는 없으며, 매수할 시점에 맞추어 적기에 분석한다는 것도 물리적으로 쉬운 일이 아니다. 하지만 최소한 공략할 종목의 PER과 비교하여 글로벌시장의 평균 PER은 몇 배이고, 우리 시장이 포함된 이머징마켓[10]의 평균 PER은 몇 배인가 정도는 분석할 수 있어야 한다. 왜냐하면 외국인들은 물론 기관들도 우리 시장만 놓고 종목을 선정하는 근시안적인 투자는 하지 않기 때문이다.

리포트는 좋게 써놓고 매일 매도를 하는 외국인들을 보면서 "참

---

10) 이머징마켓(emerging market) : 자본시장 부분에서 급성장하고 있는 국가들의 신흥시장.

으로 이율배반적이고 믿지 못할 사람들이네" 하고 이야기를 하기에
앞서 주가가 지나치게 올라 기본적인 수치가 급증하지 않았나 확인
하는 것이 현명한 투자자라면 먼저 해야 할 일이다.

추천종목을 내보내는 리포트를 맹신하는 것부터 고쳐야 한다. 기
업분석을 다 할 필요도 없다. 사실 개인투자자가 기업을 전체적으로
분석한다는 것도 현실적으로 불가능한 일이다. 다만 전문가의 분석
결과를 보더라도 앞서 제시한 기본적인 수치 정도는 스스로 체크할
수 있어야 한다. 나의 소중한 투자자금을 나 아닌 다른 사람이 늘려
주지는 않기 때문이다.

넓은 시야로 시장을 주시하라

비단 우리 시장뿐 아니라 전세계 시장이 이미 '글로벌'이란 용어
로 묶인 지는 벌써 오랜 일이다. 그만큼 분석하고 확인해야 할 사항
도 많아졌다. 최근 들어 전세계 시장을 우려와 공포로 뒤덮게 한 미
국의 신용경색 문제인 써브프라임 모기지[11] 사태를 보면 아무리 개
별 국가의 경쟁력이 좋고 개별 기업의 실적이 좋다고 해도, 글로벌

---

11) 써브프라임 모기지 : 미국 비우량 주택담보대출로 전세계 금융위기를 불러옴.

경기가 기본적 전제조건으로 갖춰져야 개별 기업의 재료도 의미가 있음을 알 수 있다.

주식시장을 이해하기 위해서는 경제 전반을 넓게 보는 혜안이 필요하다. 주가는 경제 전반에 영향을 받기 때문이다. 그저 증권사 직원이나 전문가만 바라보고 그 결정에 따라 매매하는 투자는 이제 그만 해야 한다. 주식투자를 위해서는 경제 전반을 이해하는 것이 최선이다. 하지만 물리적으로 모든 경제 상황을 스스로 파악한다는 것은 불가능하다. 각 분야의 전문가들의 시각을 빌려서라도 경제를 이해하기 위한 노력을 계속해야 한다.

아직 경제신문을 보지 않고 있다면 지금부터는 경제신문에 투자하는 시간을 늘려야 한다. 하지만 경제신문을 보면서 그저 주가흐름만 보고 만다든지 무슨 재료가 있는지만 본다면 어설픈 투자를 할 수밖에 없다. 하루가 멀다 하고 새롭게 나오는 경제용어를 다 알지는 못해도 최소한 종목분석보고서의 내용을 이해하는 데 어려움은 없어야 한다. 이때 막힘이 있다면 주식투자보다는 공부가 먼저다. 경제 전반을 아는 투자자는 시장의 흐름을 읽을 수 있지만 모르는 투자자는 시장을 따라갈 수 밖에 없기 때문이다.

주식투자를 잘하려면 I

1. 글로벌시장의 현금 흐름을 파악해야 한다.

2. 기업의 가치를 평가하는 수치를 간과해서는 안 된다.

Chapter 3

기본에 충실하라

모든 일이 그렇듯 기본기가 확실하면 진도가 나간다. 기본기가 어설프면 순간은 모면하겠지만 결국은 중요한 시점에서 낭패를 보게 된다. 주식은 분명 투자의 대상이다. 투기의 수단으로 접근해서는 안 된다. 걷지도 못하는데 뛰겠다고 나서면 비웃음거리밖에 되지 않는다. 삼성그룹 올라간다고 삼성제약을 사는 것과 다를 게 없다.

주식투자의 기본은 무엇인가? 우리가 익히 알고 있는 '여유자금으로 투자한다' '욕심내지 않는다' 와 같은 증시격언에 그 답이 있다. 대출을 받아서 주식투자를 한다는 것은 시작부터 기본을 벗어나는 것이다. 대박을 내겠다고 주가가 전고점 매물대에 왔음에도 팔지 않고 있다가 결국 하락이 진행되는 시점에서 불안해서 팔게 된다면 이 역시 기본을 크게 벗어난 투자다.

기본이라는 것은 말 그대로 누구나 할 수 있는 것이고, 또 주식투자로 성공하고자 한다면 누구나 해야 하는 것이다. 성공한 투자자 누굴 잡고 물어봐도 기본기를 몸에 익히지 않은 투자자는 없다. 그리고 절대로 정도를 벗어나지 않았다. 거창하게 세상사를 들추지 않아도 기본을 등한시한 경우는 어떤 경우라도 성공할 수 없다.

매수 전에 기업의 내용부터 확인하라

현금은 언제라도 주식으로 바꿀 수 있지만, 주식이 반드시 현금이 되는 것은 아니다. 따라서 주식을 매매할 때는 신중하고 또 신중해야 한다. 무슨 주식이 좋다고 하면 뒤도 안 돌아보고 매수하는 체질이라면 주식투자를 계속할 것인지를 신중히 생각해보는 것이 좋겠다. 무엇 때문에 투자의 귀재들이 주식을 사기에 앞서 기업을 방문하고 그 기업의 가치를 평가한 후에야 매수를 하는지, 그리고 왜 그리 긴 시간을 투자하는지를 알아야 한다.

어느 경영자가 자기가 경영하는 기업을 부도내고 싶겠는가? 자신의 힘으로는 더이상 어쩔 수 없는 상황이라면 용빼는 수가 없을 것이다. 그러면 과연 이런 상황을 경영자나 특수 관계인이 아니라면 어떻게 알 수 있겠는가? 주식을 사기에 앞서 우리가 알 수 있는 건 기업의 재무 상태와 수급 주체의 변화 정도다. 그렇다 하더라도 확인할 수 있는 것들은 최대한 확인하고 매수해야 한다. 빨리 매수한다고 돈 버는 게 결코 아니다. 기본적인 분석 없이 기술적인 분석을 하는 것은 '장님 코끼리 만지기'와 같고 '계란으로 바위 치기'와 다를 바 없다.

안 사면 큰일이라도 날 것 같아 시장가로 매수한 종목치고 수익을 주는 경우는 많지 않다. 이것들은 오히려 꼭대기에서 남들 수익 챙기는 데 일조하는 경우가 많다. 우선 급한 대로 사놓고 뭐 하는 기업인가를 알아보는 투자자라면 한 번은 성공할 수 있을지 모르지만 두 번은 성공하지 못할 것이다. 두 번은 성공하지 못한다는 말은 손해가 크다는 것으로 이해해야 한다.

성공투자는 철저한 분석과 정확한 판단 아래서만 가능하다. 매수 주문을 내기 전에 기업의 내용을 우선 확인하는 자세를 몸에 익히자. 절반의 성공은 이미 확보한 앞서가는 투자자가 될 것이다.

순간의 실수로 큰 손해를 보는 것이 주식시장이다. 이것은 초보 투자자나 전문적인 투자자나 어느 누구도 예외가 없다. 우리는 가끔 (1년에 3~4번 이상) 주문 실수로 큰 손실을 보는 기관투자자들의 이야기를 듣게 된다. 사야 할 종목을 팔고 팔아야 할 종목을 더 사는 지극히 단순한 실수지만 손해는 이루 말할 수 없이 커진다. 멀쩡히 거래되는 주식이 갑자기 하한가를 기록하고 하한가를 기록하기 무섭게 다시 원래 가격으로 돌아온다면 이는 필시 주문 실수다. 매수인지 매도인지는 당연히 체크해야 할 내용임에도 그저 손에 익은 대로 탁탁탁 엔터를 친 결과다.

개인투자자들도 HTS[12]로 주문을 낼 때는 전송을 누르기 전에 매수인지 매도인지를 다시 한 번 확인해야 한다. 주문을 내고 나면 바로 체결이 되고, 체결이 되고 나면 물릴 수 없는 게 주식시장이기 때

---

12) HTS : 'Home Trading System'의 머리글자를 따서 'HTS' 또는 '홈트레이딩'이라고도 한다. 투자자가 증권회사에 가거나 전화를 이용하지 않고 가정이나 직장에서 컴퓨터를 이용해 주식매매 주문을 내는 시스템이다. 1980년대 말과 1990년대 초에 단순히 주식시세를 조회할 수 있도록 제공되던 가정용 투자정보시스템에서 발전된 것으로, 인터넷 환경이 좋아진 1997년 이후에 여러 증권회사에서 도입하였다. 초기에는 주식시세 보기와 매매주문 기능 정도밖에 없었으나, 2000년대에 들어 각종 분석은 물론 매매상담까지 할 수 있게 되었다. 매매수수료가 저렴하고 인터넷이 연결된 곳이면 어느 곳에서나 거래할 수 있다는 장점을 지닌다.

문이다. 최근에 부도가 나는 상장종목을 보면 기관도 부도 당일 매수하고 외국인도 매수하는 경우가 있다. 이는 안이하게 종목을 선정한 결과다. 최소한 그 기업의 현금 흐름만 체크했다면 피할 수 있는 결과를 그저 주먹구구식으로 접근함으로써 낭패를 보게 되는 것이다. 기관이나 외국인들도 기업의 가치를 도외시하면 예외 없이 당하게 된다. 하물며 결집력도 떨어지고 정보력과 판단력도 뒤쳐지는 일반투자자들이 기본적인 내용조차 도외시한다면 냉정하고 살벌한 이 주식시장에서 어디 살아남기나 할 수 있을까?

주식투자를 잘하려면 II

1. 모든 결과는 기본에서 시작된다. 기본을 무시하면 절대 성공도 없다.

2. 한발 늦게 사도 괜찮다. 반드시 기업의 내용은 확인하고 매수하라.

Chapter 4

주식에는 왕도가 없고 성공을 위한 비법도 없다. 하지만 원
칙과 계획대로 움직이는 투자자라면 누구보다 성공할 확률
이 높다.

주식투자도 계획을 세워라

거래량이 증가하게 되면 그 종목은 시장에 참여하고 있는 모든
투자자들의 눈에 들어오게 된다. 그런데 만약 그 거래량이 장중 정
상적인 접속매매에 따른 수량이 아니고 의도된 통정매매에서 발생
한 것이라면 거래량 증가로 바닥이 확인된 것으로 예단해서는 안
된다.

같은 의미는 아니지만 최근 시장이 위축되면서 유가증권시장[13]의
거래량이 3억 주에도 훨씬 못 미치는 경우가 비일비재한데 어느 날
갑자기 5억 주가 넘는 거래량이 터졌다면 어떨까? "시장이 안정적으

---

13) 유가증권시장 : 유가증권의 발행 및 유통에 관한 기구. 좁은 의미로는 증권거래소가 유가증권의 매매 거
    래를 위하여 개설하는 시장을 이른다. 실전에서는 거래소 시장을 의미하는 말로 사용된다.

로 매수세를 불러내고 있구나" 하고 생각할 수도 있겠지만 속내를 봤을 때는 전혀 사실과 다르다. 특정 종목이 전체 시장 거래량의 1/3 을 차지했다면 내용은 완전히 달라지게 된다. 이 경우는 거래량 증가가 중요한 의미를 가질 수 없고, 투자전략의 근간으로서의 의미도 크지 않을 것이다.

그런데 한참 후에 그 시점에 증가된 거래량의 내용을 모르게 된다면 기술적인 분석은 잘못된 전제조건 하에서 엉뚱한 결과를 만들 수도 있는 것이다. 따라서 눈에 보이는 것만 믿지 말고 그 내용을 반드시 파악해야 한다.

기술적인 접근도 그렇지만 기본적인 분석도 단순한 수치만 보고 매매를 결정한다면 잘못된 결과를 얻을 수도 있다. 기저효과나 착시효과라는 말로 흔히 표현되는데 액면분할로 주가가 갑자기 싸 보인다고 덥석 사는 것이 정석적인 투자가 아니라는 것이다. 액면분할은 그만큼 주식수가 늘어난 것이다. 따라서 모든 주가가 싸다고 해도 보유가치는 전혀 변한 것이 아니기 때문이다.

주식투자라는 것이 계획을 세운다고 해서 그 계획대로 움직이지는 않는다. 여기서 말하는 '계획'이란 원칙을 벗어나지 말라는 의미로 이해하면 된다. 10% 수익이 나면 수익을 실현한다든지 3% 손해를 보면 손절매를 한다든지 하는 식으로 투자를 함에 있어서 반드시 필요한 것은 아무리 작은 것이라도 계획을 세우라는 것이다.

아침에 일어나서 주식시장이 시작할 때까지 그저 이것저것 종목에 대한 내용만 찾지 말고 시장의 흐름을 스스로 확인하는 것도 계획 하에 이루어져야 한다. 전날 미국증시는 새벽에 마감되고, 그 내용은 증권관련 사이트나 방송을 보면 귀에 못이 박히도록 들을 수 있다. 그 결론만 듣고 끝낼 것이 아니라 처음부터 어떻게 진행되서 어떻게 끝났는지를 스스로 확인하는 것이 중요하다는 것이다.

또한 성공투자를 위한 계획에는 반드시 바둑의 복기처럼 되돌아보는 계획이 포함돼 있어야 한다. 그러기 위해서는 아무리 HTS에 잘 나온다고 해도 자신의 매매는 스스로 기록하는 것이 좋다. 그래야 뼈아픈 실수를 반복하지 않고 시장 분위기에 따른 뇌동매매를 하지 않을 수 있다.

많은 투자자들이 수익이 나면 들뜨게 되고, 그래서 기껏 벌어놓은 수익을 순식간에 잃어버리는 경우가 많다. 만약 계획을 세울 때 하루 수익률이 10%면 매매를 하지 않는다고 세웠다면 수익을 잃어버리지 않았을 테고 시장을 보는 시각도 넓어졌을 것이다. 주식에는 왕도가 없고 성공하기 위한 비법도 없다. 하지만 원칙과 계획대로 움직이는 투자자라면 어느 누구보다 성공할 확률은 높다.

Chapter 5

주식시장은 제로섬게임이 아니다. 누군가 손실을 보면 누군
가는 수익을 내는 마치 시소처럼 움직이는 것이 아니다.

투자습관은
따라하는 것이 아니라 만드는 것이다

　주식시장은 제로섬게임[14]이 아니다. 누군가 손실을 보면 누군가
는 수익을 내는 마치 시소처럼 움직이는 것이 아니다. 악재가 부각
되면서 시장 전반적으로 하락이 나타난다면 매도한 투자자와 매수
한 투자자 모두 손해를 볼 수 있기 때문이다. 물론 여기서 중요한 것
은 평가손[15]과 실현손[16]을 구별하는 것이다. 팔아버리면 끝이지만
보유하고 있다면 상승을 기대할 수 있다는 의미다.

---

14) 제로섬게임 : 게임이론에서, 참가자가 각각 선택하는 행동이 무엇이든지 참가자의 이득과 손실의 총합이
　　제로가 되는 게임을 의미한다. 즉, 누군가 손해본 만큼 누군가는 수익을 챙긴다는 것.

15) 평가손 : 재산을 재평가한 금액이 장부가격보다 적어서 생기는 손실을 의미하는 경제용어로 주식시장에서
　　는 내가 산 매수단가보다 현재 시세가 낮아 계좌에 손실이 나 있는 것으로 아직 주식을 팔지 않은 상태.

16) 실현손 : 평가손을 매도함으로서 손실을 현실화하는 것으로 손절매를 한 상황에서 확인된 손해.

주식투자는 누가 옳고 그르고의 문제가 아니라 같은 종목이라도 누가 어느 시점에 샀고 어느 시점에 팔았느냐에 의해서 수익률이 결정되는 것이다. 남의 말이라면 전문가의 말까지도 다 무시해서는 안 되겠지만, 무조건 남의 말만 믿는 투자 역시 결코 수익으로 연결되지 않는다. 딱 한 번 매매하고 그만둘 투자자라면 모르지만, 꾸준히 투자를 해서 꾸준히 수익을 낼 요량이라면 누구를 따라서 매매를 하거나 주관적인 자신의 판단만 무조건 맞다고 주장하기보다는 객관적인 수치와 자료를 원칙으로 평가하는 것이 유효하다. 아닐 수도 있다는 것은 손해를 볼 수도 있다는 것이다. 손해를 안 봐야 수익을 챙길 수 있다.

주식투자를 하는 투자자들은 누구나 종목에 대한 이야기에는 귀가 얇아진다. 좋은 종목이라는데, 몇 배 올라갈 재료가 있다는데 어느 누가 마다하겠는가? 하지만 내 귀에 들린 재료나 근거는 이미 모든 투자가들이 알고 있다고 봐야 한다. 대단한 재료를 알고 있다고 착각하지 말아라. 과감한 투자는 경계해야 한다.

경제흐름을 예측하는 것은 어쩌면 불가능하다. 너무나도 많은 경우의 수를 가지고 있기 때문이다. 주식투자도 같은 개념으로 이해할 수 있다. 경우의 수라는 것은 부정적인 가능성도 있기 때문에 피해

갈 수 있는 방법을 찾아보자는 것이다. 안 될 수도 있지만 되는 방법을 찾아서 기대감을 가져보자는 것이다.

'주식매매는 예측하고 하지 말고 흐름에 맞춰서 하라'는 말이 있다. 예측이라는 것이 결코 수익을 주지 못한다는 의미의 말로, 시장흐름에 맞춰 종목을 선정하고 투자 포인트를 잡으라는 것이다. 따라서 시작이 다소 더디더라도 시장흐름을 파악하고 의식적으로라도 원칙적인 투자습관을 몸에 익히는 것이 중요하다.

몸으로 느끼고 머리로 이해하라

주식시장은 재료도 많고 또 하루가 다르게 새로운 용어들이 나오기 때문에 하루라도 그냥 지나치면 시장흐름에 뒤쳐질 수밖에 없다. 하루 종일 아무 생각 없이 차트나 현재가만 보고 있다가는 주식을 보는 시각이 이어령 비어령이 되고, 결국 모든 것을 자신의 시각에 끼워맞추는 우를 범하게 된다.

전문가라고 해서 상장된 1,800여 개의 종목을 모두 알 수는 없다. 또한 시장에 존재하는 모든 테마를 다 꿰고 있을 수도 없다. 이것은 물리적으로도 가능한 일이 아니다. 이런 상황에서 단순히 기술적인 흐름이 아닌 기업의 본질적인 가치를 이야기할 수 있는 것은 늘 시간을 투자하여 공부하기 때문이다.

미국 경기가 침체의 늪에 빠졌을 때 그저 "큰일났네"라고 걱정만 하고 있다면 성공할 수 있는 투자자라고 할 수 없다. 미국 경기가 침체한 상황이라면 어떻게든 그 침체 국면을 벗어나려는 미국 정부의 노력이 있을 것이다. 가장 쉽게 쓸 수 있는 정책이 아마도 금리인하일 것이다. 그렇다면 이 상황에서 수혜를 받을 종목이 있는지를 체크하고, 이 상황을 인플레이션 우려감 상황에서 보는 것이 바람직한 투자자가 할 일이다 .

단기적인 시장 상황을 활용하는 단타매매를 고려하는 것이 아니라 글로벌 경기흐름을 정확하게 인식하고 거기에 맞는 시장 시각을 갖자는 것이다. 단지 보유종목을 팔지 말지만 고민한다면 필시 엇박자가 나는 매매로 이어질 수 있기 때문이다.

요즘은 대학교수도 재임용에서 탈락하는 경우가 많다. 능력 없고 연구하지 않는 교수는 설 자리가 없는 것이다. 이는 늘 공부하고 연구하고, 그래서 새로운 것을 찾으라는 의미다. '대학교수 재임용 탈락' 은 미국이나 유럽의 선진국에서는 뉴스거리도 아니지만 우리나라에서는 아직까지도 중요한 뉴스로 언급된다. 상대적으로 나태하고 적극적인 사고가 부족하다는 것을 의미한다.

주식시장도 예외가 될 수 없다. 선진투자기법을 이야기하고 외국인 매수종목을 주목하는 것은 그들의 투자 마인드나 투자전략보다 우리의 시각이 미진하다는 것을 인정하는 것이나 다름없다. 그저 있는 상황을 따라가기에 급급하다면 전문가나 펀드운용자나 일반투자자가 다를 것이 하나도 없다.

주식투자에 관하여 공부를 한다는 것이 막연할 수도 있다. 하지만 투자할 종목을 선정했을 때 그 기업의 주식 담당자와 한 번이라도 통화를 해본 투자자와 그렇지 않은 투자자는 그 종목을 보는 시각부터 다를 수밖에 없다. 단지 투자설명회를 찾아서 귀동냥으로 얇은 근거를 듣는 것보다는 전화 한 통을 통해 얻는 것이 더 클 수도 있다.

주식투자는 학생들이 공부하듯이 교과서와 참고서를 가지고 공부해서 할 수 있는 것이 아니다. 등수가 나오는 것도 아니고 시험을 보는 것도 아니다. 주식투자는 오로지 수익률로 답하고, 수익과 손실로 극과 극을 달리는 것이다

요즘은 많은 증권사들이 실제 상금을 주면서 수시로 모의투자를 실시한다. 공부를 하겠다고 마음을 먹었다면, 그리고 투자를 본격적

으로 하기 위한 힘을 축적하기로 결심했다면, 실전매매를 하기에 앞서 이러한 모의투자를 활용하는 것도 좋다. 다른 투자자들의 매매종목도 공개되기 때문에 어떤 종목이 시장참여자들의 관심을 많이 받고 또 많이 올라가는지도 알 수 있다. 거래가 증가하고 주가가 올라간다는 것은 시장참여자들의 관심이 증가하고 그에 따른 매매가 이뤄진다는 것이다.

증권사의 모의투자는 단순히 짧은 시간 내의 수익률을 겨루기 때문에 원칙을 세우기보다는 순간 재료에 급급한 매매가 이루어지기 쉽다. 따라서 원론적인 면에서 보면 바람직하지 못한 측면도 있지만, 실전감각을 익히는 데는 분명 효과가 있다. 책으로 할 수 있는 공부가 아니라면 몸으로 느끼고 머리로 이해하는 공부를 해야 하지 않을까!

본인이 매수한 종목의 기본적인 재무 상황도 모르고 기본적인 이동평균선의 추세흐름도 기억할 수 없다면 목표가를 설정할 수도 없을 것이고, 따라서 뇌동매매를 하기 쉽다. "어디부터 어디까지 외우고 시작해라"라고 말할 수는 없지만, 주식공부의 핵심은 그 기업의 본질가치를 파악하는 것이 되어야 한다.

전문가들의 종목선정과 공략의 전제는 항상 그 기업의 가치분석에서 시작한다. 그런데 기업의 가치나 재무 상태는 늘 변하기 때문에 한 번 분석한 내용을 마냥 써먹을 수는 없다. 연구하고 개발하지 않는 진부한 교수들처럼 같은 말만 되풀이한다면 얻을 수 있는 것은 손실밖에 없다.

주식투자를 잘하려면 III

1. 분명한 원칙과 정확한 근거에 투자하는 습관을 들여라.

2. 원칙을 정확하게 정립했다면 그 원칙에 맞는 계획을 세워라.

Q : 상한가를 기록한 종목은 꼭 하루 더 올라갈 것 같아서 안 팔고 있으면 다음날 올라가는 듯하다가 내려가는 경우가 많아서 상한가를 쳐도 수익을 못 내게 되는데, 과연 언제 팔아야 할까요?

A : 내가 보유한 주식이 상한가를 치고 매도호가 없이 매수만 잔뜩 쌓이게 되면 대부분의 투자자들은 마음이 들뜨고 흥분하게 된다. "내일 상한가를 한 번 더 치면 수익을 얼마나 더 챙길 수 있을까?" 하는 생각에 들떠서 일도 손에 잡히지 않는다. "남들 종목은 상한가를 3~4번도 가던데 혹시 며칠 더 상한가 치지 않을까?" 하는 생각도 할 것이다. 결국 팔 생각은 하지 않고 '얼마나 더 수익을 챙길 수 있는가'에만 온통 관심이 가 있는 것에서부터 문제가 시작된다.

장중에 상한가를 치고 매수만 잔뜩 쌓이는데 팔자니 아깝기도 할 것이다. 하지만 상한가를 친 종목이 어떤 재료를 가지고 어떤 근거를 보유하고 있더라도, 상한가를 친 시점에서는 반드시 수급을 확인하고 가격대별 거래량이 어디에 집중되고 있는지를 체크해야 한다. 그래야 매도를 할 것인지 아니면 보유를 할 것인지를 결정할 수 있기 때문이다.

체결수량은 HTS를 참고하면 된다. 목요일에 1,580원에 상한가로 마감된 N사의 경우를 예로 들어보자.

코스닥N사 호가별 거래량비중

체결가	전일대비	체결량	체결비중	체결가	전일대비	체결량	체결비중
1,355	−20	6,992		1,470	95	9,262	
1,360	−15	811		1,475	100	3,075	
1,365	−10	573		1,480	105	5,091	
1,370	−5	14,531	1%	1,485	110	27,765	2%
1,375	0	10,482		1,490	115	4,813	
1,380	5	24,901	2%	1,495	120	7,581	
1,385	10	14,704	1%	1,500	125	26,058	2%
1,390	15	32,816	3%	1,505	130	6,944	
1,395	20	10,930	1%	1,510	135	5,805	
1,400	25	71,770	6%	1,515	140	10,360	
1,405	30	27,752	2%	1,520	145	42,949	3%
1,410	35	41,040	3%	1,525	150	2,834	
1,415	40	17,912	1%	1,530	155	20,963	1%
1,420	45	13,873	1%	1,535	160	1,389	
1,425	50	16,487	1%	1,540	165	13,603	1%
1,430	55	25,656	2%	1,545	170	8,136	
1,435	60	13,816	1%	1,550	175	13,760	1%
1,440	65	6,871		1,555	180	7,394	
1,445	70	13,163	1%	1,560	185	23,627	2%
1,450	75	24,806	2%	1,565	190	11,653	1%
1,455	80	10,865	1%	1,570	195	20,483	1%
1,460	85	11,692	1%	1,575	200	59,604	5%
1,465	90	5,804		1,580	205	316,658	29%

N사는 1,580원인 상한가에 당일 전체 거래량의 29%가 거래됐다. 다음 날 주가흐름을 보면 전일 매도가 적정한 시점이었는지를 알 수 있다.

체결가	전일대비	체결량	체결비중	체결가	전일대비	체결량	체결비중
1,400	−180	933,709	100%	1,485	−95	8,871	
1,370	−210	4,079		1,490	−90	12,867	1%
1,375	−205	1,432		1,495	−85	36,613	3%
1,380	−200	15,263	1%	1,500	−80	45,060	4%
1,385	−195	22		1,505	−75	19,648	2%
1,390	−190	5,063	7%	1,510	−70	21,252	2%
1,395	−185	359		1,515	−65	58,256	6%
1,400	−180	69,630		1,520	−60	59,143	6%
1,405	−175	1,610		1,525	−55	72,246	7%
1,410	−170	303		1,530	−50	27,357	2%
1,415	−165	10		1,535	−45	15,485	1%
1,420	−160	5,061		1,540	−40	17,289	1%
1,425	−155	8,926		1,545	−35	20,716	2%
1,430	−150	7,476		1,550	−30	10,546	1%
1,435	−145	3,313		1,555	−25	12,360	1%
1,440	−140	65,317	6%	1,560	−20	35,224	3%
1,445	−135	3,937		1,565	−15	17,039	1%
1,450	−130	11,062	1%	1,570	−10	10,932	1%
1,455	−125	25,628	2%	1,575	−5	22,540	2%
1,460	−120	22,127	2%	1,580	0	40,133	4%
1,465	−115	5,560		1,585	5	3,745	
1,470	−110	52,387	5%	1,590	10	100	
1,475	−105	24,368	2%	1,595	15	460	
1,480	−100	32,794	3%				

다음 날 전일 종가보다 비싸게 판 경우는 불과 4,305주다. 전일 종가에 판 경우를 포함하더라도 44,438주에 불과하다. 전체 거래량이 933,709주인 점을 감안하면 그 비율은 4.8%에도 미치지 못한다. 혹시나 하는 기대감으로 보유한 투자자들로서는 당혹스럽기 그지없는 상황이다. 특히 종가가 11% 이상 하락한 상황은 "어제 팔 걸" 하는 후회를 불러낼 수밖에 없는 모습이다.

기대감이나 혹시나 하는 요행은 주식투자를 하는 투자자에게는 악재라는 점을 반드시 기억하자. 요행이나 기대감을 갖지 말고 원칙과 근거에서 벗어나지 말아야 한다. 그리고 조금 아쉽다 싶은 때가 매도시점이라는 점을 잊지 말자.

Part 3

주식시장만 보는 투자는 실패한다

Chapter 1

사회 · 경제 흐름을 파악하라

　주식투자는 이제 보편화되고 대중화된 재테크 방법으로 자리잡고 있다. 그에 따라 주식투자의 접근방법이나 기법들 또한 수없이 증가하고 있지만, 투자자들의 투자 마인드는 제대로 정립되지 못했고, 예전의 개괄적인 개념에서 벗어나지 못하고 있다.

　주식을 사면 손해만 보는 대부분의 투자자들의 공통점은 오직 주식만 본다는 것이다. 이들은 오로지 내가 산 주식이 올라갈지 빠질지, 모니터나 전광판의 색깔에만 관심이 있다. 주식시장의 방향은 오르고 내리는 두 가지밖에 없다. 올라가면 좋겠지만 하락했다고 해서 대책 없이 올라갈 때만 기다리는 것은 분명 제대로 된 투자가 아니다. 이런 투자자라면 무엇이 투자인지 다시 한 번 곰곰이 생각해 봐야 할 것이다.

아마도 독자들 중에는 바로 내 이야기라고 생각하는 분들이 적지 않을 것이다. 한번 사면 올라가기 전에는 절대로 안 파는 투자자들의 경우에는, 자기가 산 주식이 언젠가 반드시 올라갈 거란 믿음을 가지고 있다. 하지만 현실은 그렇지 않다는 것을 아마도 경험을 통해서 느끼게 될 것이다.

아래에서는 실제 매매에서 어리석은 투자를 하는 사례를 이야기할 것이다. 앞으로 실전 매매를 하면서 이런 경우는 피하도록 절대 주의해야 한다. 지금부터 이야기하는 잘못된 투자와 그에 따른 해결 방안을 보고 본보기로 삼기 바란다.

어리석은 투자 1

종목코드는 물론 최저가는 얼마인지, 매물대는 어디에 있는지를 포함해서 최근 주가의 움직임까지 죄다 꿰고 있는 투자자. 그가 사는 종목을 살펴보면 시장흐름이나 시장참여 주체들의 관심과는 거리가 멀다. 그는 그저 흐름만 보고 종목을 선정한다. 계좌에 종목 수가 10개 이상인데, 구입 후 주가가 하락해서 못 팔고 장기보유로 들어간 종목이 대부분인 투자자의 경우가 여기에 해당할 것이다. 어디서 매수를 잘못한 것인지 사례를 통해 알아보자.

지분 경쟁을 빌미로 주가가 상승하게 되면 투기적 매수가 유입되게 되고, 그로 인해 오버슈팅되는 경우가 대부분이다. 따라서 긴장대음선이 나오는 시점에서는 원칙적으로 매도를 해야 한다. 하지만 〈차트3-1-1〉에서 보듯 긴장대음선의 일봉이 나오는 날에는 여지없이 거래량이 증가하는 모습을 보인다.

파는 사람이 있고 사는 사람이 있으니 매매가 이루어졌겠지만, 기관과 외국인의 매수가 없었던 점을 감안하면 고점을 잡고 물려버린 투자자들은 대부분 일반투자자들일 것이다. 주가가 10,000원 전후에서 75,000원까지, 50여 일만에 무려 650%가 상승했는데 얼마나 더 수익이 날 것을 기대하고 매수하는지 필자는 이해하기가 어려운 국면이다.

실제로도 75,000원에 매수했는데 밀렸다고, 그것도 한참 하락해서 3만 원 밑으로 내려왔다며 어떻게 하면 좋을지 상담을 받은 투자자가 있다. 아마도 분위기를 따라간 투자자들이 대부분 소위 상투를

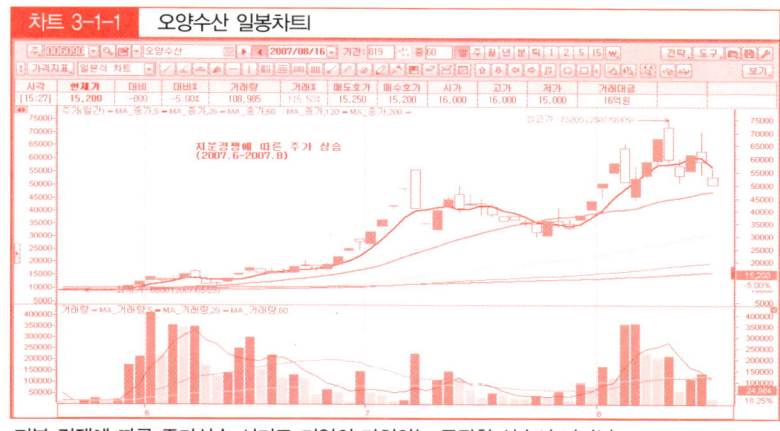

차트 3-1-1   오양수산 일봉차트

지분 경쟁에 따른 주가상승 시기로 기업의 가치와는 무관한 상승이 나타남.

잡고 어쩌지 못하는 경우의 단면일 것이다. 만약에 추격매수를 했더라도 급등한 종목(이유 여하를 막론하고)은 긴장대음선이 나오게 되면 원칙적으로 팔아야 한다. "에구, 손해를 봤는데" 이 생각을 먼저 하게 되면, 그 순간 이후 팔 기회는 영원히 오지 않을 수 있기 때문이다.

앞에서 주가는 재무 상태를 기본적으로 먼저 분석하고, 기술적 분석, 즉 차트나 수급을 봐야 한다고 했다. 이를 기억한다면 처음부터 이 급등한 가격에 사지를 말았어야 한다. 뇌동매매로 추격매수를 했다면 손절은 지켜야 투자자 스스로 운신의 폭을 넓힐 수 있다는 것을 꼭 기억해야 한다. '아니면 말고' 식의 투자를 해서는 절대 돈

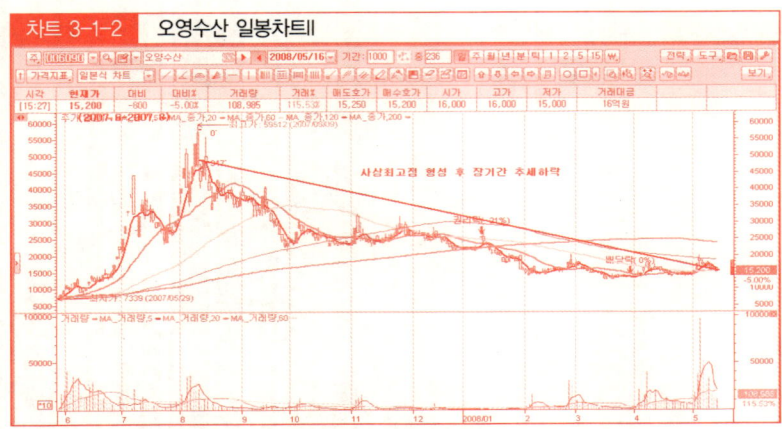

차트 3-1-2　오영수산 일봉차트II

최고가 형성 후 9개월째 장기간 하락함에 따라 상대적으로 싸 보임.

을 벌 수 없다.

　이미 고점에서 물려버린 투자자들과는 다르게 〈차트3-1-2〉에서
나타난 장기하락한 끝단에서 단기매매로 수익을 챙기겠다고 매수하
는 투자자들의 실수도 잘 기억했다가 절대로 따라하지 말자.

　장기하락으로 이미 고점에 물린 투자자들은 헤어날 길이 없는 시
점까지 하락을 했다. 한 번쯤 단기매매를 노려볼 시점까지 왔다는
것이다. 하지만 동 종목은 지금 시장이 흘러가는 방향이 그동안 시
장의 걸림돌로 작용됐고, 그래서 매번 시장 하락의 빌미를 제공했던

외국인들의 매수가 부각되고 있는 시점임을 감안하면 수익을 낼 종목으로는 적절치 않다. 그럼에도 5월 들어 급증한 거래량은 단기매매를 하려던 일반투자자들이 또 걸려들었다는 것을 의미한다.

장기하락한 종목은 거래량이 증가하는 시점에는 투자자들이 모여들 가능성이 있다. 주가는 장기하락했고 거래량은 증가했으니, 혹시 낙폭이 과대해서 제법 상승 폭이 커지지 않을까 하는 심리를 자극할 수 있다는 것이다. 물론 기회가 돼서 성공할 수도 있다. 하지만 매수하기 전에 시장흐름을 봐야 하는 것을 잊거나 무시하게 되면 또 속는 경우가 될 수 있다. 냉정한 투자 마인드가 없다면 보질 않는 것이 정답이다.

사실 대부분의 투자자, 특히 일반투자자(초보 투자자라면 더 말할 나위도 없을 것이다)들은 이런 상황을 모르고 있다가 누가 귀뜸이라도 해주면 정신없이 매수하는 경우가 많다. 급등종목을 따라가는 것은 불을 들고 잘 마른 풀섶으로 들어서는 것과 같다면, 이 경우는 축축히 젖은 짚단에 불을 붙이고자 노력하는 경우로 빗댈 수 있을 것이다.

〈차트3-1-3〉의 원 안의 1번, 2번, 3번을 보면 거래량이 급증한 시점이 번번이 고점이 된 것을 알 수 있다. 과연 누가 그 가격대에 매수를 했을까? 확인해보면 외국인기관은 매수한 흔적이 전혀 없다.

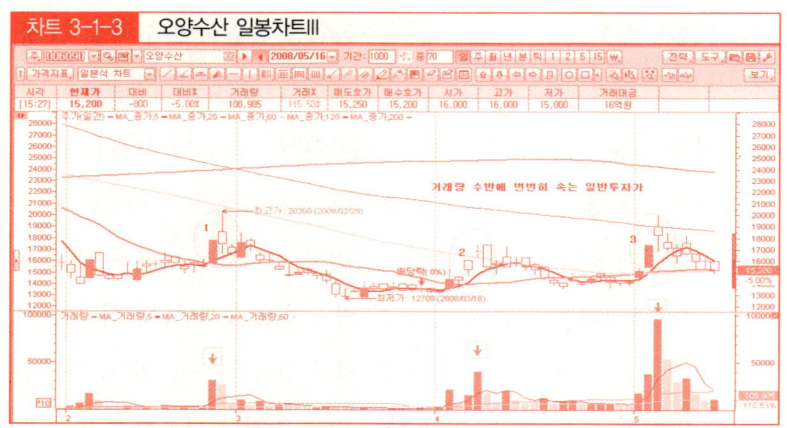

거래량 수반에 번번히 속는 일반투자가

고가 대비 싸다는 생각이 거래량이 증가할 때마다 매수를 부추긴다.

그렇다면 일반투자자들이 덥석 매수를 했다는 것이다. 왜 따라가면서 매수를 했을까?

아마도 바닥에서 거래량이 증가하는 모습을 보이니까 기술적인 반등이 나올 수 있다는 생각이 첫 번째 이유였을 것이고, "예전에는 AI만 나오면 급등을 했었는데"라는 학습효과가 두 번째 이유였을 것이다. 그런데 최근 시장에서는 AI가 소위 테마종목에 미치는 영향이 제한적이고, 그 영향을 받는 종목도 극히 제한적이라 살까 말까 눈치 보다가 따라가는 순간에 물리게 되는 것이다.

아마도 장기하락 끝단에서 거래량이 3차례 증가하면서 단기고점을 만들었기 때문에 다음 번 거래량 증가시에는 한 번쯤 단기수익을 챙길 기회를 만들 수도 있을 것이다. 하지만 중요한 것은 동 종목을 고점대비 낙폭과대로 봐서는 승산이 없다는 점이다. 시장은 늘 변하고 그 변화는 우리가 알고 있는 것보다 더 빠르고 더 냉정하게 주가에 영향을 미친다.

테마종목만 보는 투자자들에게는 테마종목만이 유일한 투자 포인트일 수 있다. 하지만 어떤 경우도 시장을 읽지 않고 덤벼들었다가는 100전 100패를 면할 수 없다. 10번 매매를 해서 9번 수익을 챙기고 마지막 1번 물리게 되는 경우라도 9번 매매하는 동안 챙겼던 수익은 물론 투자원금까지 전부 까먹는 게 주식투자인데, 사는 족족 물린다면 투자원금 날리는 건 시간문제 아니겠나!

테마로 형성된 주가나 단발적인 재료로 이상 급등한 종목의 주가는 제자리를 찾아가는 습성이 있다. 그래서 싸 보인다고 사서도 안 되고 거래량이 증가된다고 해서 덥석 매수해서도 안 된다. 용감하게 대차매도를 하는 건 어지간한 용기로는 쉽지 않겠지만, 정석으로 본다면 거래량 증가시 매도를 고려하는 것이 순리에 맞는다. 하지만 대차거래 또한 경우의 수를 노리는 전략이라 바람직하고 정석적인 투자는 아니다. 따라 사서는 승산이 없고 대차매도도 조심해야 한다면 처음부터 관심을 두지 않으면 될 것이다. 결국은 원칙투자를 해야 한다는 것이다.

스포츠 경기를 보면 항상 경우의 수를 따지게 된다. 이것은 불리하고 막판 코너에 몰렸을 경우라도 살아날 가능성이 있다는 기대감을 갖고 대응하기 위한 방법이다. 이래도 결승에 못 가고 저래도 결승에 못 올라간다면 경우의 수는 따질 필요도 없다. 주식투자는 이런 경우의 수라는 것이 없는 곳이다. 한번 잘못 투자해서 손실이 커지면 그것으로 상황이 종료되는 것이다. "경우의 수도 없는데 1,800여 개의 종목 중에서 왜 하필 그 종목을 샀을까" 하고 안타까워 하는 경우를 필자가 상담을 할 때마다 많이 접하게 된다. 더욱이 이런 경우에도 하나같이 원치 않는 장기투자로 가는 걸 보면 안타까움을 많이 느낀다.

어리석은 투자 2

본질가치가 아닌 재료로 급등한 종목은 급락한다. 물론 모든 종목에 원칙으로 작용될 수는 없다. 설사 본질가치를 근거로 올라간 종목이라고 해서 급락이 없는 것은 아니지만, 여하튼 급등한 종목은 급락을 함으로서 제자리를 찾아가는 경우를 우리는 수없이 경험하고 또 지켜보고 있다.

주가가 급등을 하게 되면 우선 모든 투자자들의 눈에 이것이 들어오게 된다. 스스로 찾지 않아도 신문이나 방송을 통해서, 또는 독자들이 매일 보는 HTS를 통해서 어쩔 수 없이 알게 된다. 그런데 "이미 올라간 종목인데" 하고 관심을 두지 않다가도 하루 이틀 더 올라가고, 그것도 매일 상한가로 올라가는 모습을 보이면 이야기가 달라진다. 하루 상한가만 수익으로 챙겨도 좋겠다는 생각에 이미 올라갈 대로 올라가서 차익매물이 나오는 시기에 덥석 매수를 하게 되는 것이다. 매수하고 나서 '아차' 하는 순간에 속절없이 밀려서 급락을 하게 되면 수익은커녕 투자원금과도 점점 멀어지게 된다. 문제는 이런 경우가 매우 빈번하다는 것이다.

최근 유가가 고공행진을 계속하면서 주식시장에는 대체에너지와 자원개발 관련주에 대한 이야기가 하루도 거르지 않고 나오고 있다. 아마도 이런 현상은 앞으로도 계속 지속될 것이다. 그런데 이런 소위 에너지 테마종목이 투자자들을 울리는 경우가 많이 있다. 소위 대박주는 모든 투자자들의 꿈이다. 그래서 그 유혹을 참지 못하는지도 모른다.

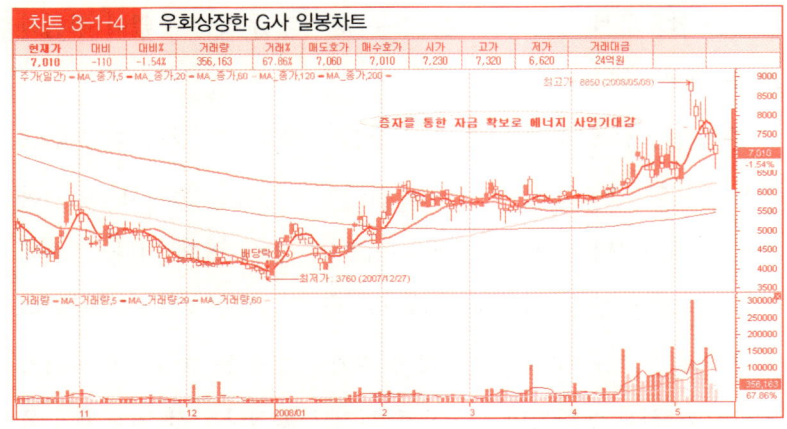

현재가	대비	대비%	거래량	거래%	매도호가	매수호가	시가	고가	저가	거래대금
7,010	-110	-1.54%	356,163	67.86%	7,060	7,010	7,230	7,320	6,620	24억원

증자를 통한 자금 확보로 에너지 사업기대감

〈차트3-1-4〉는 우회상장한 종목으로 에너지개발과 관련 근거를 가지고 주가급등을 시도했던 G사의 일봉차트다. 5월 들어 거래량 급증 속에 연 이틀 상한가를 기록했지만, 5월 8일 상한가에 거래량을 수반시키는 매도가 강화된 뒤로 급락세로 돌아서면서 6일째 하락이 나타나 상승하기 전 가격대로 되돌아온 모습이다. 2008년 5월 첫날 종가와 고점을 비교하면 무려 39%나 하락한 모습이다.

동 종목을 30분봉으로 흐름을 살펴보면 이틀째 상한가를 기록한 5월 8일 동시호가 이후 30분간 당일 하루 거래량인 3,011,482주의 32%인 965,068주가 거래됐다. 단기차익을 보고 매도한 것으로 봐야한다. 따라 붙은 투자자들은 당황스러운 상황이 된 것이다. 물론 주

차트 3-1-5　　우회상장한 G사 분봉차트

현재가	대비	대비%	거래량	거래%	매도호가	매수호가	시가	고가	저가	거래대금
7,010	-110	-1.54%	356,163	67.86%	7,060	7,010	7,230	7,320	6,620	24억원

가는 상승으로 되돌아갈 수 있다. 하지만 중요한 것은 향후가 아닌
지금 현재이고, 매수한 일반투자자들의 계좌 손실이 단기간에 너무
나도 크다는 것이다.

5월 8일 신용매매표

월일	신규	상환	잔고	금액(백만)	대비	공여율	잔고율
5/08	1,878	550	31,695	155	1,328	0%	0.22%

　5월 8일 급등의 고점에서 신용으로 1,328주를 매수한 투자자는
반대매매가 나갔을지도 모르는 일이다. 거두절미하고 계속 하락하
는 경우 현금으로 매수해서 1년이고 2년이고 기다린다면 회복될 수

있다고 해도 신용매수는 불가능한 일이다.

어리석은 투자자는 대박을 위하여 절대로 하지 말아야 할 시점에서 매수를 하게 되는데, 그보다 더 어리석은 투자자는 신용으로 덥석 매수하는 투자자다. 신용매수가 정말로 돈을 벌어준다면 증권사에서 빌려주는 신용자금은 벌써 동이 났어야 하지 않을까!

M&A는 주식시장이 존재하는 한 아마도 늘 잠재되어 있는 호재일 것이다. 그렇다면 호재임을 알고도 그냥 지나치는 건 돈 벌겠다고 주식시장에 발을 들여놓은 투자자의 입장에서 보면 어리석기 그지없는 행동이다. 하지만 흔히 슈퍼개미로 불리는 일반투자자의 경우에는 시중에 부각되는 M&A 종목에 대해서 반드시 10번은 더 신중히 생각하고 접근해야 한다.

혹여 이미 매수를 했다면 대박을 노리지 말고 순리에 따라 거래량이 수반될 때는 지체없이 팔아야 한다. 그렇지 않으면 낭패를 볼 수 있기 때문이다. "나는 승부를 걸어 볼 생각이다"라는 생각으로 소위 몰빵으로 스스로 구렁텅이로 빠지는 빌미를 만들지는 말아야

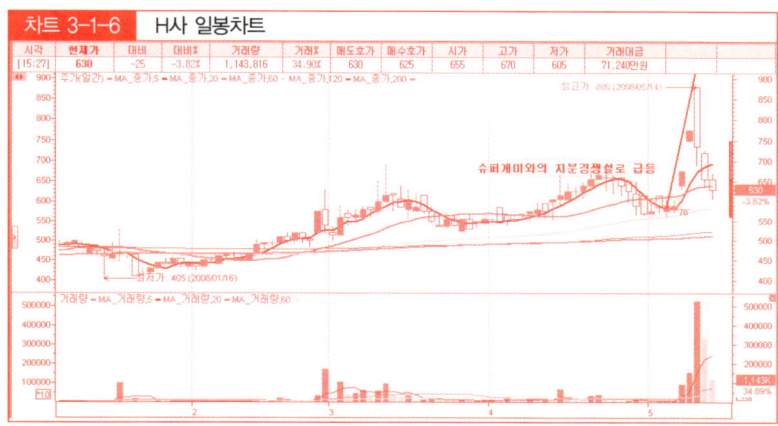

차트 3-1-6　H사 일봉차트

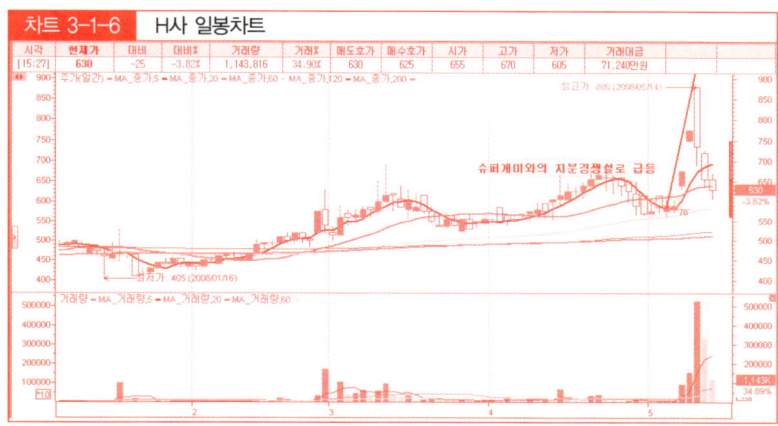

한다. 모든 투자가 그렇듯이 씨드머니[17] 없이는 아무것도 할 수 없기 때문이다.

　종자돈을 날릴 수 있는 투자는 투자가 아니고 투기다. 투기는 '모 아니면 도'인데 '도'인 경우가 십중팔구라는 것은 주식투자를 해본 사람이면 누구나 아는 원칙이라고 봐도 지나치지 않다.

　〈차트3-1-6〉은 슈퍼개미와 기업 간의 지분경쟁설이 나오면서 5월 들어 급등한 H사이다. 재료 노출이 주가급락으로 이어지면서 고점에서 따라 산 일반투자자들을 당황스럽게 만들었다. 급등의 고점인 880원 대비 28.4%나 하락한 상황이다.

---

17) 씨드머니 : Seed Money, 말 그대로 처음 투자를 시작하기 위한 종자돈을 의미함.

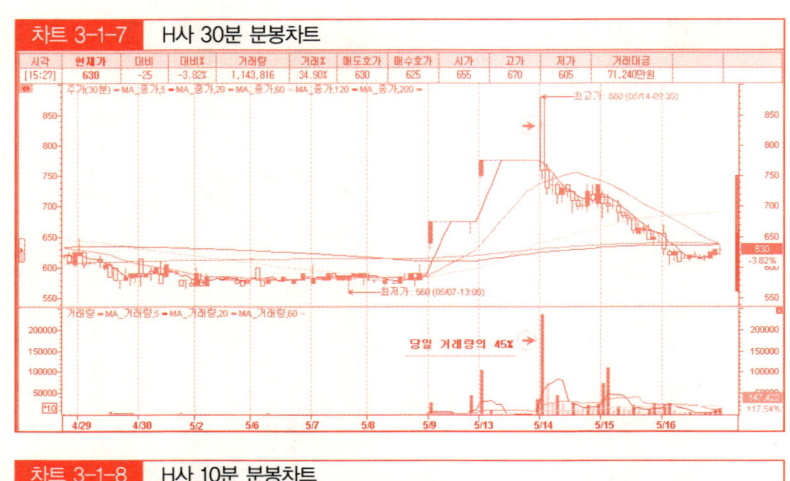

차트 3-1-7 H사 30분 분봉차트

시각	현재가	대비	대비%	거래량	거래%	매도호가	매수호가	시가	고가	저가	거래대금
[15:27]	630	-25	-3.82%	1,143,816	34.90%	630	625	655	670	605	71,240만원

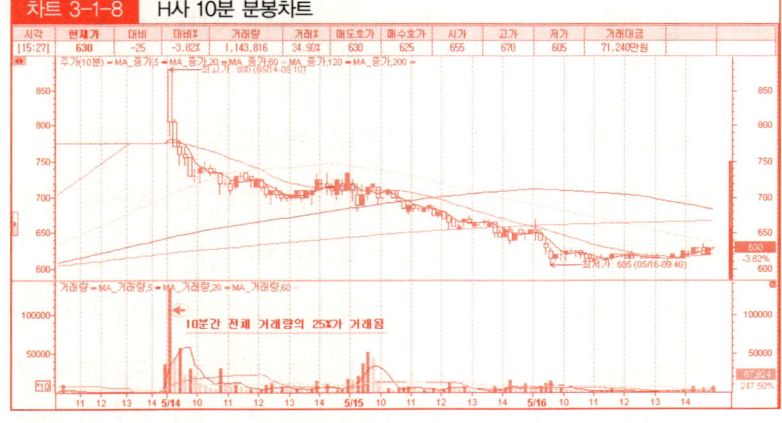

차트 3-1-8 H사 10분 분봉차트

시각	현재가	대비	대비%	거래량	거래%	매도호가	매수호가	시가	고가	저가	거래대금
[15:27]	630	-25	-3.82%	1,143,816	34.90%	630	625	655	670	605	71,240만원

　　급등을 하는 종목은 원칙적으로 따라 사지 말아야 한다. 그래야

어리석은 투자를 하지 않을 수 있다. 이미 매수한 후라면 음봉이 길

게 만들어질 때 매도해야 한다는 투자 마인드만이라도 절대로 잊지 않기를 바란다.

동시호가 가격인 880원에 매도되지 않았다면 5분 뒤 주가인 820원에는 매도를 고려했어야 한다. 이미 동시호가 이후 5분 동안 거래량이 당일 거래량의 17.5%이고, 전일 거래량의 60%가 거래된 점은 보유를 하기에는 충분히 부담스러운 수급 상황이기 때문이다. 그럼에도 매도를 하지 않고 혹시나 하는 기대감을 가지고 있다면 어리석은 투자자가 될 수밖에 없다.

손해를 보고 팔고 싶은 투자자는 전세계를 다 뒤져봐도 단 1명도 없다. 하지만 자신의 선택이 잘못됐다면 시장흐름에 순응하는 것이 좋다. 손해를 보더라도 말이다. 손절매를 한다는 것은 분명 투자자

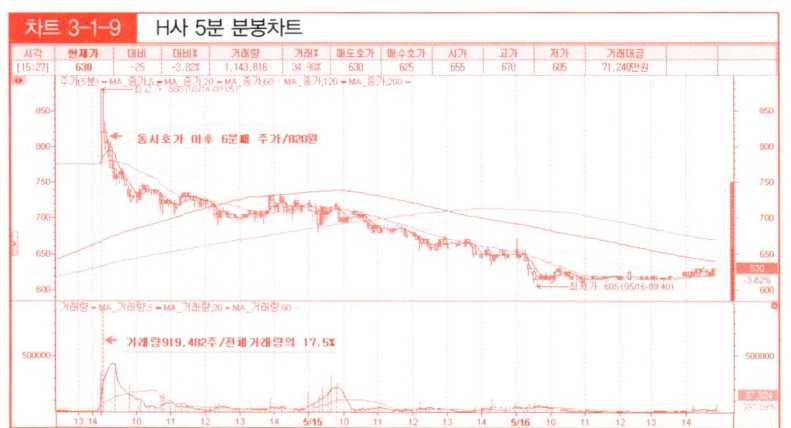

차트 3-1-9 H사 5분 분봉차트

입장에서는 속상한 일이지만 기회비용을 생각한다면 속상해할 일만은 아니다. 누구나 겪는 것이지만 투자자금이 떨어지면 매수할 종목이 잘 보이는데, 이 상황을 생각해야 한다는 것이다.

물론 지금 이 경우는 단기매수한 투자자들이 수익을 극대화하는 방법이다. 이미 손실을 보고 오랜 기간 보유한 투자자에게는 손실을 피하고 나올 수 있는, 그래서 새로운 매매를 할 수 있는 기회를 노리는 방법이기도 하다.

거래량은 주가의 움직임을 체크하는 근거다. 따라서 거래량이 움직이는 흐름에 따라 매매시점을 정해야 한다. 이는 특히 단기급등을 나타내는 종목을 매매하는 투자자라면 꼭 지켜야 할 내용이다. 왜냐하면 매수를 주도한 소위 세력이 존재한다면 그들이 팔고 가는 시점을 알 수 있는 것이 거래량이기 때문이다.

어리석은 투자 4

한국전력에 대해서는 신정부가 들어선 이후 주가하락에도 불구하고 좋은 평가나 리포트는 거의 나오지 않았다. 유가인상, 전기세동결은 그야말로 한국전력의 아킬레스건으로 주가는 하염없이 하락

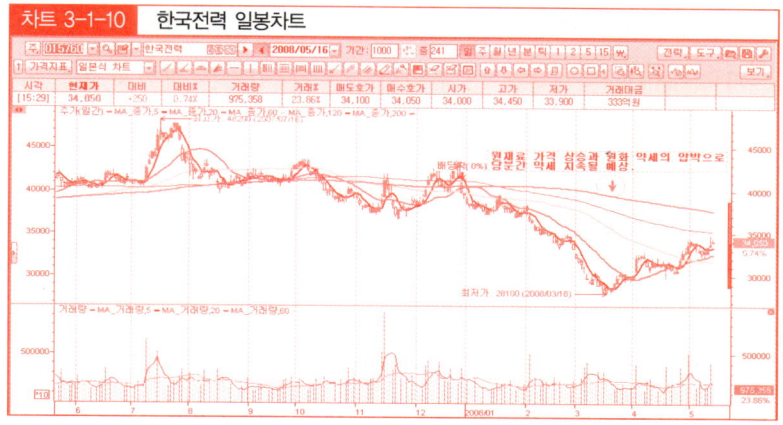

을 이어갔다.

2008년 3월 18일 저점을 확인한 이후 기술적인 반등이 나오고 있
는 상황에도 역시 좋은 소리는 하나도 없었다. 일부 긍정적인 흐름
이 나오고 있는 상황이 없지는 않았지만 좀처럼 외국인들의 매도는
멈추질 않았다. 이는 다음 페이지의 표에서 확인할 수 있을 것이다.

그런데 주가는 상승을 시도하는 모습으로 계단식 반등을 나타내
고 있다. 시장 분위기가 영 부정적으로 진행되는 종목이라도 기업의
본질가치를 등한시하는 상황이라면 매도를 고려하는 것이 어리석은
투자라는 것을 보여주는 종목이다.

필자가 방송을 통해서나 개별적인 상담을 통해서 봐도 팔아야 하

느지를 문의하는 내용이 동 종목에 대해서는 대부분이었다. 사도 되느지를 물어보는 경우는 거의 없었다. 물론 필자는 팔아서 얻을 수 있는, 즉 기회비용 측면에서도 실익은 없다고 봤기 때문에 당연히 보유를 제시했다. 결론적으로 바닥을 치고 21%나 올라섰다.

앞서서 기업의 본질가치를 등한시하는 시장흐름은 의미가 없다고 언급한 바 있다. 한국전력의 기본적 내용을 조금이라도 정확히 확인했다면 단순한 시장 분위기보다는 더 핵심을 파악할 수 있었을 것이다. 한국전력은 기업의 가치를 평가하는 PBR이 0.5에도 미치지 않는 상황이다. 그렇다면 당장 호재보다는 부정적 요인이 영향을 미친다고 해도 팔아야 할 종목은 아니라는 것을 알아야 한다.

한국전력 신용매매 현황

월일	신규	상환	잔고	금액(백만)	대비	공여율	잔고율
2/01	15,040	35,817	399,090	11,267	-20,777	1%	0.05%
3/18	56,402	92,538	761,257	17,553	-36,136	3%	0.10%
5/16	43,890	40,802	319,158	7,272	3,088	3%	0.04%

저점을 기록한 3월 18일 신용잔고는 761,257주인데, 5월 16일 319,158로 무려 442,099주가 줄어들었다. 수익을 내고 파는 매매를 하는 투자자들이 있었다는 것을 의미한다. 주가가 하락을 키우기 시작한 2월 1일부터의 흐름을 살펴보자. 주가가 지지선을 이탈하고 본

격적으로 하락 국면에 들어서기 시작한 2월 1일과 바닥을 확인한 3월 18일 체결된 신용수량을 보면 362,167주가 증가했는데, 같은 기간 동안 주가는 25% 이상 하락을 했다. 신용매수한 투자자 입장에서 보면 최고 하락률은 62.5가 될 수 있다.

만약 현금으로 보유하고 있었다면 기업의 가치인 PBR을 근거로 계좌에 편입한 채로 시간을 투자할 수 있었겠지만, 어리석은 신용매수는 시간을 투자할 수 없었을 것이다. 흔히 우량주라면 신용으로 매수해도 괜찮지 않을까 생각하는 투자자들이 있다. 하지만 신용투자는 우량주건 개별주건 피하는 것이 좋다. 물론 부실화 우려가 있는 종목은 말할 필요도 없다.

다음 표는 외국인과 기관의 매매를 볼 수 있는 4월 중순 이후 1달간의 흐름인데, 외국인의 지속적인 매도와 기관의 적극적인 매수가 상반된 모습으로 나타나 있다. 하지만 수급의 연속성이 있다는 점을 좀더 중요한 포인트로 인식해야 한다. 일방적으로 매도로 몰린 날이 하루밖에 없다. 기관도 팔고 외국인도 파는, 즉 동시에 순매도를 하는 날이 거의 없었다는 것이다. 수급이 훼손되지 않았다고 볼 수 있다.

수급의 연속성을 안 보고 기업의 본질가치의 근거를 외면한 투자는 결국 계좌를 살찌우지 못한다. 사회·경제 흐름을 파악하자. 주식투자는 주식을 사는 것이 아니고 기업을 사는 것이다. 물론 때를 사야 하지만, 그 기본은 사회·경제 흐름을 알고 난 후다.

한국전력 외국인·기관 매매 현황표

날짜	시가	고가	저가	종가	대비		등락률	거래량	외인보유	외인비중	외인대비	기관순매수
05/16	34,000	34,450	33,900	34,050	▲	250	0.74%	975,358	174,713,598	27.23%	-28,420	133,533
05/15	33,550	34,750	33,500	33,800	▲	300	0.90%	4,088,085	174,742,018	27.24%	-1,023,765	897,761
05/14	32,700	33,500	32,600	33,500	▲	500	1.52%	1,627,905	175,765,783	27.40%	-112,078	121,554
05/13	32,700	33,150	32,250	33,000	▲	300	0.92%	1,589,691	175,877,861	27.41%	-270,774	239,679
05/09	33,150	33,150	32,350	32,700	▼	300	-0.91%	1,396,728	176,148,635	27.46%	107,350	-293,781
05/08	32,900	33,450	32,900	33,000	▼	950	-2.80%	1,997,189	176,041,285	27.44%	-173,290	-91,369
05/07	33,700	33,950	32,850	33,950				1,726,446	176,214,575	27.47%	85,380	-26,285
05/06	33,700	34,000	33,350	33,950	▼	200	-0.59%	1,150,203	176,129,195	27.45%	-108,910	177,402
05/02	33,700	34,200	33,450	34,150	▲	400	1.19%	1,867,408	176,238,105	27.47%	-98,650	337,973
04/30	32,800	34,300	32,750	33,750	▲	950	2.90%	5,120,868	176,336,755	27.49%	-2,230,563	2,171,523
04/29	32,750	33,500	32,650	32,800	▲	100	0.31%	2,332,585	178,567,318	27.83%	-642,820	967,993
04/28	32,150	33,100	31,800	32,700	▲	700	2.19%	3,181,435	179,210,138	27.93%	-758,990	1,205,345
04/25	31,050	32,150	31,050	32,000	▲	1,300	4.23%	3,679,172	179,969,128	28.05%	-1,455,400	1,463,145
04/24	30,500	31,200	30,350	30,700	▲	100	0.33%	1,498,605	181,424,528	28.28%	-291,100	114,569
04/23	30,550	30,800	30,250	30,600	▼	300	-0.97%	1,746,423	181,715,628	28.32%	-288,690	144,064
04/22	31,450	31,500	30,750	30,900	▼	550	-1.75%	1,994,564	182,004,318	28.37%	-206,550	134,550
04/21	31,650	31,800	31,150	31,450				1,541,967	182,210,868	28.40%	46,145	-286,517
04/18	31,100	31,650	29,750	31,450	▼	150	-0.47%	3,832,196	182,164,723	28.39%	-1,346,250	987,810
04/17	31,400	31,850	31,400	31,600	▲	250	0.80%	889,548	183,510,973	28.60%	61,570	-42,220
04/16	31,200	31,600	31,150	31,350	▼	50	-0.16%	998,150	183,449,403	28.59%	-368,368	311,665
04/15	31,400	32,250	31,200	31,400	▼	200	-0.63%	1,327,408	183,817,771	28.65%	-617,800	528,778
04/14	31,250	31,600	31,050	31,600	▼	200	-0.63%	921,746	184,435,571	28.75%	201,780	-181,493

차트를 분석하라

차트만 보고 주식투자를 하면 낭패를 보는 경우가 많다. 하지만
차트도 모르고 주식투자를 하면 십중팔구는 손해를 보게 된다. 물론
차트는 후행지표이기 때문에 절대적인 잣대는 아니다. 하지만 많은
투자자들이 학습효과에 따른 매매를 하고, 그에 따라 주가가 움직이
기 때문에 차트는 단기적인 흐름은 물론 추세를 예측하는 데도 큰
역할을 한다.

차트로 대변되는 기술적인 분석을 하루아침에 통달할 수는 없다.
따라서 이미 지나간 차트를 복기하거나 모의매매를 통해 차트의 변
화를 익히는 것이 중요하다. 차트를 제대로 평가하고 매매에 활용하

기 위해서는 우선 기본적인 것부터 정확하게 정립하는 것이 중요하다. 차트는 그저 단순히 보고 배우는 것이 아니라 이해를 해야 한다. 객관적이어야 하지만 수많은 경우의 수를 모두 생각해야 하며, 주관적인 요건도 함께 고려해야 한다는 것이다.

수많은 투자자들과의 심리싸움에서 이기는 원동력이 될 수 있는 차트의 기본적인 개념부터 살펴보자. 차트는 일본식과 미국식으로 구분된다. 우리가 흔히 보고 사용하는 일봉차트는 일본식 차트로, 하루 중 주가의 변화를 시초가, 종가, 저가, 고가로 구분하고 있다.

〈일봉차트 1〉

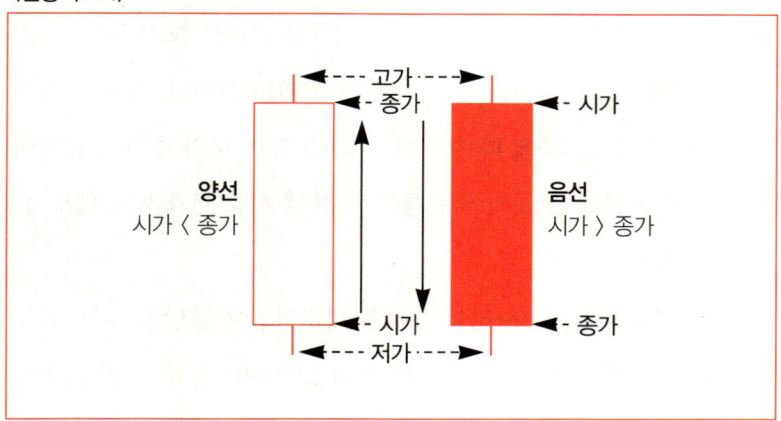

일본식 봉차트의 내용을 좀더 자세히 살펴보면 다음과 같다.

〈일봉차트 2〉

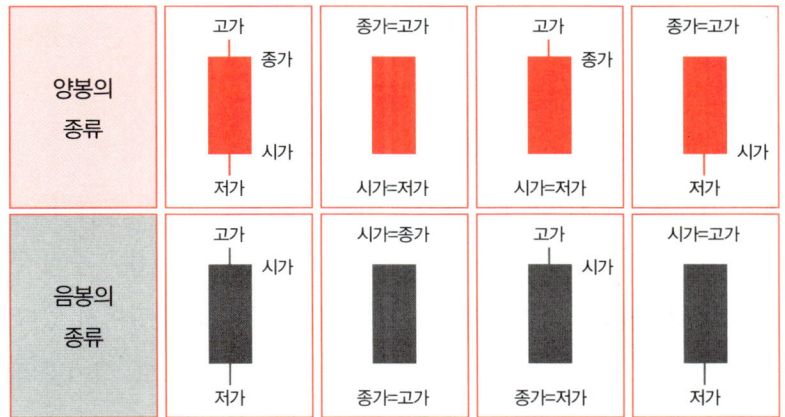

반면에 미국식 차트는 시가 표시가 없다는 특징이 있다.

〈미국식 차트〉

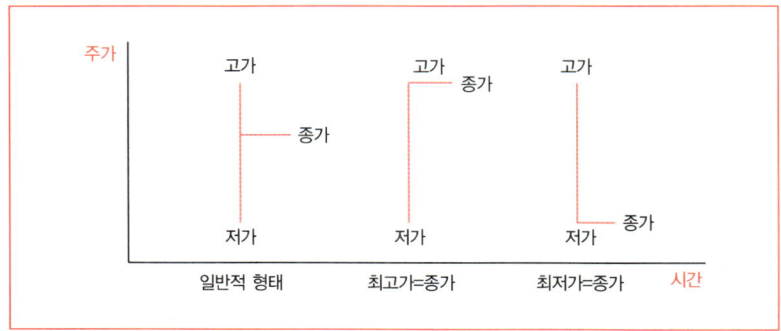

차트를 보면서 반드시 함께 체크해야 하는 것이 거래량과 이동평균선이다. 이동평균선이란 특정기간 동안의 평균주가를 의미하는 것으로 통상적으로 많이 활용되는 이동평균선의 내용은 다음과 같다.

5일 이평선   5일간 주가의 평균적인 변화로 단기간의 주가의 변화를 보여준다. 장기간의 주가의 추세와 비교하여 단기간의 주가가 높은지 낮은지를 판별할 수 있다. 장기간 추세가 많이 떨어져 있다면 주가가 조정을 받을 가능성이 있다고 예측할 수 있고, 장기간의 추세를 깨고 급격히 오르거나 내린다면 주가가 상승세 또는 하락세로 접어들 것이라고 예상할 수 있다.

20일 이평선   20일간 주가의 평균적인 변화로 중기적인 주가의 추세를 보여준다.

60일 이평선   수급선이라고 흔히 불리는 이동평균으로 60일씩 묶어서 주가를 평균해 나가면서 60일 동안의 주가의 평균적인 변화를 계산한 것으로, 2달간 평균적인 주가의 변화를 보여준다. 비교적 장기간의 주가추세다. 수급을 확인할 수 있는 이동평균선으로 안전한 투자를 위해서는 60일 이평선을 기준으로 투자를 하는 것이 효과적이라고 볼 수 있다. 주식투자는 적어도 60일 정도의 추세를 따라가는 것이 안정적이다.

추세선　　추세선이란 주가의 전환점을 추세를 사용해서 주가의 흐름을 예측하는 데 사용되는 것으로 상승추세와 하락추세로 나눌 수 있다. 보통 저점을 연결하는 경우 상승추세 여부를 확인하고, 고점을 연결하는 경우는 하락추세 여부를 확인하는 데 사용한다. 추세선이 중요한 이유는 추세선 이탈시 매도로 대응하는 전략을 취할 수 있기 때문이다. 기본적인 추세선의 개괄적 흐름을 살펴보면 다음과 같다.

1. 상승반전이 예상되는 경우

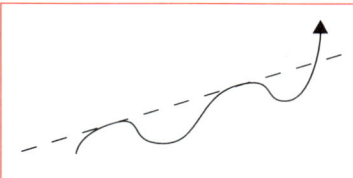

① 주가가 상승추세선의 아웃라인을 상향돌파하는 경우.

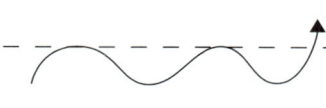

② 주가가 평형추세선의 아웃라인을 상향돌파하는 경우.

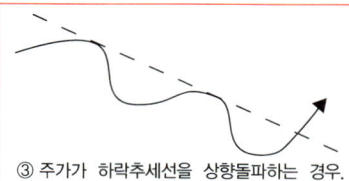

③ 주가가 하락추세선을 상향돌파하는 경우. 단, 이 경우는 다른 지표가 이미 매입신호를 보여야만 한다.

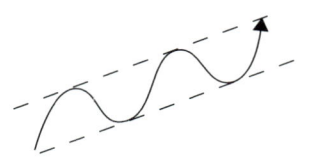

④ 상승추세대가 평행을 이루면서, 주가가 아웃라인과 접하는 경우.

2. 하락반전이 예상되는 경우

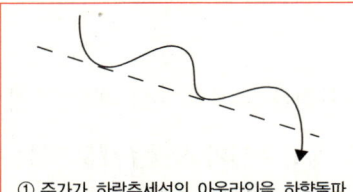

① 주가가 하락추세선의 아웃라인을 하향돌파
하는 경우.

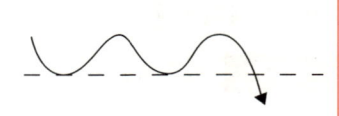

② 주가가 평행추세선을 하향돌파하는 경우.

③ 주가가 상승추세선을 하향돌파하는 경우.
단, 이 경우는 다른 지표가 이미 매도신호
를 보여야만 한다.

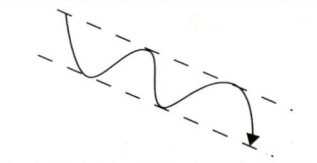

④ 하락추세대가 평행을 이루면서, 주가가 아
웃라인과 접하는 경우.

정배열 역배열　　정배열은 적은 숫자의 이동평균선부터 큰 숫자
의 이동평균선까지, 위에서부터 아래로 순차적으로 이루어진 이동
평균선을 의미하고, 역배열은 그 반대의 경우다.

〈차트3-2-1〉의 KOSPI지수를 예로 들어 정배열 상태와 역배열
상태를 알아보면, 2007년 3~7월 사이를 보면 이동평균선이 정배열
되고 있음을 알 수 있다. 특히 4월 이후는 본격적으로 이동평균선의
정배열이 나타나고 있고, 각 이동평균선간의 이격도 균등한 모습을
보인 이후 지수는 꾸준하게 상승을 하고 있음도 확인할 수 있다.

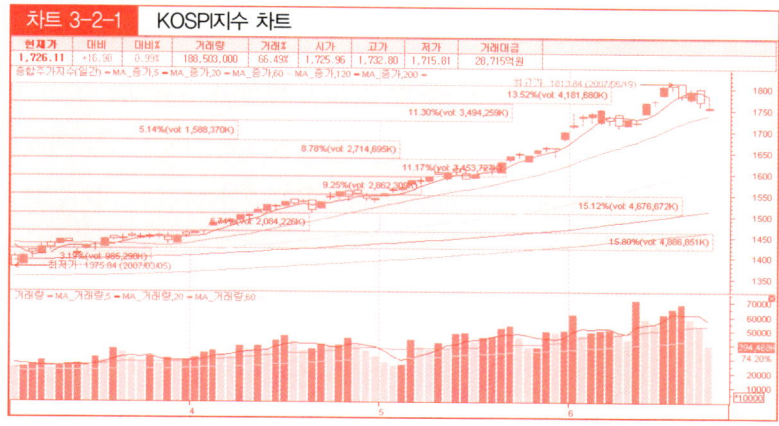

차트 3-2-1   KOSPI지수 차트

현재가	대비	대비율	거래량	거래율	시가	고가	저가	거래대금
1,726.11	+16.50	0.99%	188,503,000	66.45%	1,725.96	1,732.80	1,715.81	28,715억원

〈차트3-2-2〉의 역배열 상태에서 주가가 약세를 보인 고려아연의 특정 기간대를 보면, 원으로 표시한 부분부터 이동평균선이 역배열되면서 주가도 하락 폭이 커지는 모습을 볼 수 있다.

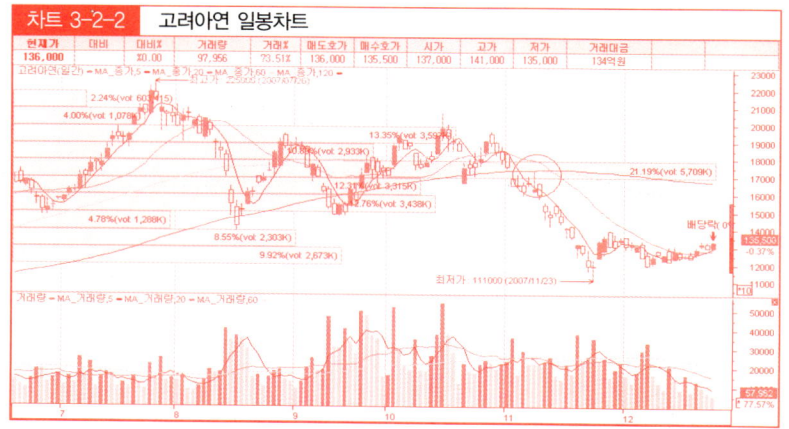

차트 3-2-2   고려아연 일봉차트

현재가	대비	대비율	거래량	거래율	매도호가	매수호가	시가	고가	저가	거래대금
136,000	±0.00	97,956	73.51%	136,000	135,500	137,000	141,000	135,000	134억원

115

이동평균선은 하루아침에 정배열 또는 역배열이 되지 않는다. 지속적인 추세가 이어져야 나타나는 것이다. 따라서 이동평균선이 역배열로 돌아선다는 것은 매도세력이 지속적으로 매물을 출회하고, 반대로 매수세들은 수세적인 흐름을 보이고 있다는 것을 의미한다. 정석적인 투자 마인드는 정배열된 이평선을 가지고 있는 거래량이 충분한 우량종목을 공략하는 것이 되어야 한다.

저항선 저항선이란 일정한 기간 동안 매수세력에 대한 매도세력의 힘으로, 매수세력보다는 좀더 강한 매도세력이 존재하는 시점이라고 할 수 있다. 이렇게 상승을 가로막고 있는 점들을 선으로 연결한 것이 저항선이다. 흔히 실전에서 전고점 또는 매물대라고 표현

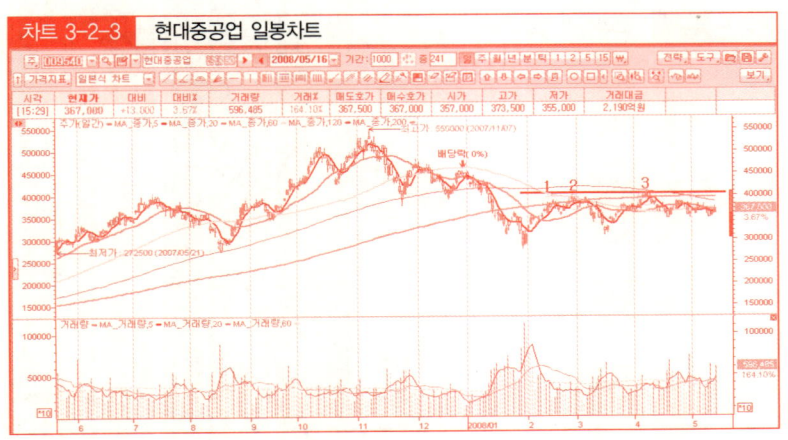

차트 3-2-3 현대중공업 일봉차트

하는 것과 유사한 시점으로 봐도 무난하다.

전고점 〈차트 3-2-3〉에서 1, 2, 3으로 표시된 전고점이 2월 이후 3차례 이상 나타난 것을 볼 수 있다. 전고점을 치고 나가지 못했다는 것은 물량 부담을 느끼고 있다는 것이고, 등락의 진폭이 줄어들고 있어서 저점의 추세대가 높아지는 부분에 대해서는 긍정적으로 볼 수 있다.

매물대 매물대란 말 그대로 매도할 수 있는 물량들이 쌓여 있는 부분을 의미한다. 전고점과도 유사한 의미로 이해할 수 있다. 다만 매물대에서는 물량이 소화되는 과정이 필요하고, 그 흐름에서는

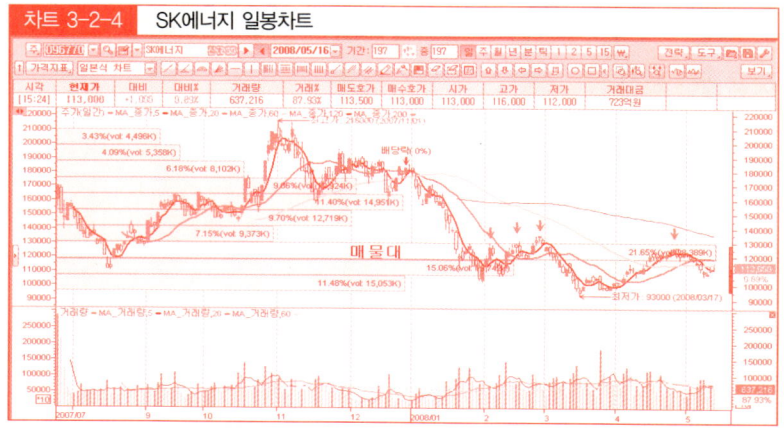

차트 3-2-4 SK에너지 일봉차트

거래량이 증가해야 한다. 왜냐하면 매물대나 전고점도 쉽게 넘어서지 못하는 저항세력이 존재하는 가격대이기 때문이다.

지지선　　지지선[18]은 일정한 박스권 내에서 매도세력보다는 매수세력의 힘이 강한 상태로, 주가의 하락을 방지하는 저점을 연결한 선이다. 이는 흔히 하방경직[19]이라는 말로 사용되는 시점을 의미한다. 이러한 지지선과 저항선[20]은 그 자체의 의미보다는 저항선의 상향돌파 지지선의 하향이탈 등 주가의 변동성을 나타내는 것이 중요하다. 〈차트 3-2-5〉를 보면 좀더 이해가 쉽다.

물론 하방경직이나 지지선이 주가를 상승시키는 근거는 아니다. 하지만 모든 투자자들이 차트를 참고하고 있기 때문에 묵시적으로 인정되는 가격대에서는 매수 포인트를 잡아도 유효하다는 의미로 이해해야 한다.

꼭 기억할 것은 차트는 거래량과 함께 분석해야 하고, 또한 수급

---

18) 지지선 : 주가가 하락하다가 주요 이동평균선이나 전전점을 만나서 더 이상 떨어지지 않고 반등을 시도하게 되면 통상적으로 그 이동평균선을 '지지선'이라고 한다.
19) 하방경직 : 한번 올라간 주가가 일정 가격대 밑으로는 떨어지지 않을 경우 그 가격대를 '하방경직'이라고 한다. 즉, 지지선으로 작용되는 가격대로 내려온 시장의 흐름을 의미한다.
20) 저항선 : 주가가 하락을 멈추고 또는 추세적으로 상승을 하는 과정에서 주요 이동평균선을 만나거나 전고점에 부닺치면 바로 뚫고나가기가 쉽지 않기 때문에 상승이 멈추거나 등락을 반복하게 되는데 이 시점을 '저항선'이라고 한다.

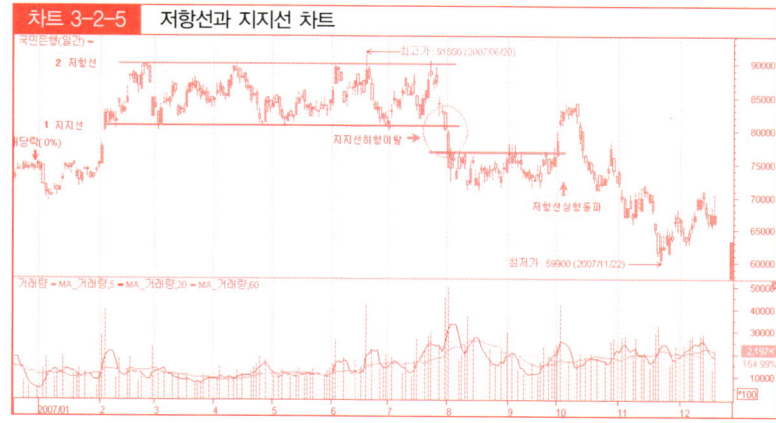

차트 3-2-5   저항선과 지지선 차트

을 의미하는 60일 이평선을 중심으로 단기이평선과 장기이평선의
흐름을 파악해야 한다는 것이다.

수급선은 추세상승을 파악하는 데 있어서 중요한 이동평균선이
다. 60일간, 즉 3개월간의 평균주가로 차트흐름을 파악할 수 있기
때문이다. 〈차트 3-2-6〉에서 보면, 1~3번까지는 주가가 추세약세
를 보이고 있고 있다. 따라서 수급선이 강력한 저항선으로 자리잡고
있고, 2007년 12월 이후에는 시장참여자들이 그 가격대에 대해서는
매도로 대응하고 있음을 알 수 있다. 하지만 4번, 즉 4월 들어서면서
수급선을 상향돌파하면서 매도세보다는 매수세의 결집력이 커지고
있음을 보여주고 있다. 70,000원을 넘는 시점에서는 전고점이 있다

119

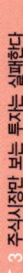

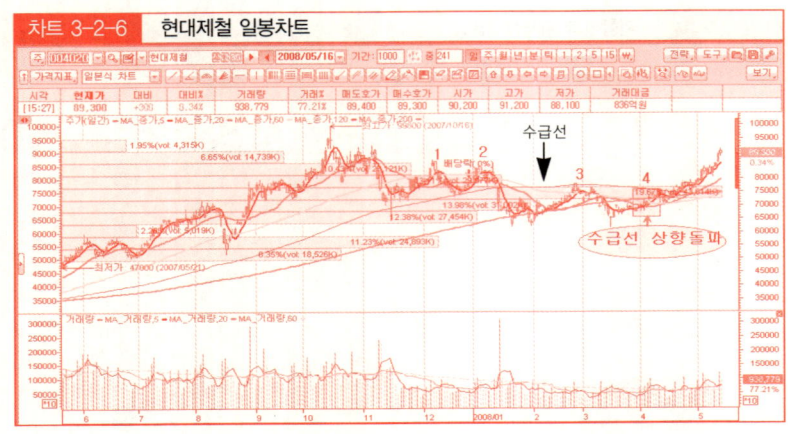

하더라도 강력하게 매수로 접근할 필요가 있었던 종목이다.

결과적으로 5일선이 수급선을 상향돌파하면서 곧바로 20일선이 역시 수급선을 상향돌파하는 모습으로 이어졌고, 현재는 단기선과 중기선 간의 정배열 상태를 보이고 있어 추가상승 기조를 유지할 것으로 판단되는 차트 모양을 보이고 있다. 또한 단기선간의 이격과 중기선간의 이격이 정배열 상태를 유지하고 있어 차트상 전형적인 상승흐름을 보이고 있다고 할 수 있다.

주식투자를 하기 위해서 종목을 고르는 방법은 여러 가지가 있을 수 있고 그 나름대로의 근거도 가지고 있다. 문제는 어느 시점에서 어떤 방법을 적용하느냐 하는 것이다. 어렵게 종목을 고를 것이 아

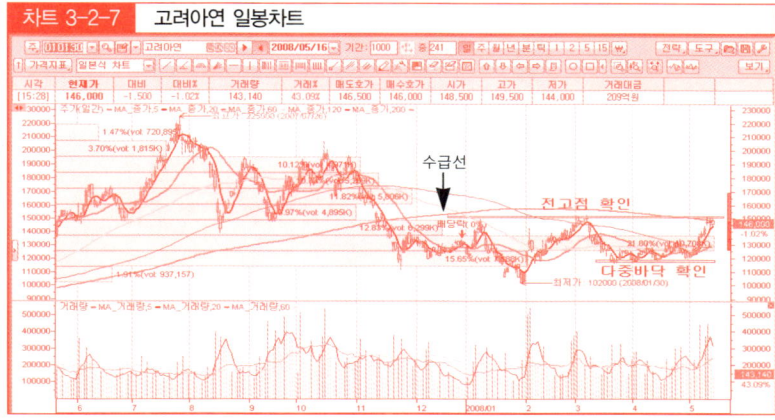

니라 우선 기본적인 분석에서 다소라도 우려스러운 부분이 있는 종목을 제외하고, 나머지 종목 중 기술적인 부분에서는 충분한 바닥을 확인한 종목을 선정하는 것이 좋다. 여기서 '충분히 바닥을 확인했다' 는 것은 다중바닥을 의미한다. 〈차트 3-2-7〉을 참고해서 설명하겠다.

동 종목은 다중바닥을 다지고 올라서면서 수급선을 치고 나가는 모습을 보여 기술적으로는 기본적 분석에 하자가 없는 한 접근성이 매우 큰 종목으로 판단할 수 있다. 따라서 5월 초에는 매수 관점에서 접근을 했어야 하는 종목이고, 기술적인 흐름에서는 전고점인 150,000원선에서는 차익을 실현하는 것이 전형적인 흐름이다.

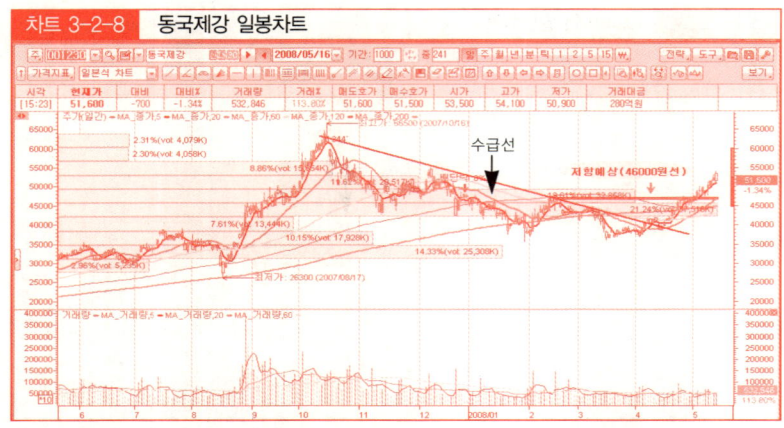

주식을 기본적 분석과 기술적 분석만으로 선정하는 것은 현명치 못하다. 원칙적으로는 모든 근거들을 하나씩 체크하는 것이 최선이다. 그중에서도 기업의 실적이 호전될 근거라면 기술적 매수시점에서는 대단한 위력을 발휘할 수도 있다. 〈차트 3-2-8〉의 동국제강은 후판, 봉형강 등을 생산하는 국내 2위 전기 제강사로, 전체 매출의 52%는 후판, 47%는 봉형강이 차지하고 있다.

후판이 공급 부족으로 당분간 수요자가 아닌 공급자 위주로 시장이 형성될 것으로 평가받고 있다. 그 결과가 기업의 실적으로 이어질 수밖에 없다는 것이 시장의 컨센서스를 이룬 종목이다. 이러한 본질적인 기업가치 증가 요인이 1분기 어닝써프라이즈에 이어 강조

되고 있는 모습이다. 따라서 기술적으로만 보면 저항이 예상되는 46,000원선에서는 전고점에 대한 부담으로 상승이 부담스러울 수 있다. 하지만 무난히 상승 폭을 추가적으로 확대하고 있는 것은 이러한 근거 아래 적극적으로 매수에 가담하는 외국인과 기관의 수급 강화가 요인이다. 따라서 기술적인 차트를 먼저 보는 것이 맞는지 기본적인 분석을 먼저 하는 것이 나은지를 따지는 것보다는 확인한 근거에 수급이 따라주느냐가 제일 중요하다.

기술적 분석은 몇 개 차트를 설명함으로써 마무리할 수 있는 것이 아니다. 그렇다고 정형화된 포맷을 보고 공부하는 것도 맞지 않다. 종목마다 변화하는 각기 다른 흐름을 가지고 있기 때문이다. 따라서 모든 종목과 차트를 다 알 수는 없으며, 알기까지는 많은 시간과 시행착오의 과정을 거쳐야 한다는 것을 잊지 말아야 한다.

그래서 우선 필요한 것이 바닥을 확인하는 일이다. 그것도 다중 바닥을 확인해야 한다. 거래량이 평균 거래량을 넘고 외국인과 기관의 매수가 유입되는, 그리고 기본적인 분석에서 우려감이 없는 종목을 골라내는 데 많은 시간을 투자하는 것이 필요하다. 혹시라도 시기적으로 조금 빨리 접근했다 하더라도 시간을 투자하면 기회를 노릴 수 있기 때문이다.

잘못된 투자로 제대로 수익을 챙기지 못하는 경우를 살펴보자.

수급의 연속성에 주목하라

〈차트 3-2-9〉는 1월 말을 저점으로 추세상승세가 이어진 종목으로, 5월초까지는 그 추세가 유효한 모습이었다. 같은 기간 동안 외국인은 물론 기관들의 적극적인 매수가 5일선을 중심으로 주가를 상승시키는 결정적인 역할을 한 종목이다.

물론 수급을 끌어들인 근거는 기업의 실적이었다. 실적호전의 근거가 훼손되지는 않았지만 5월 7일을 기준으로 고점에서 기관들이 매도를 시작하면서 차익을 실현하는 모습이었다. 하지만 일반투자

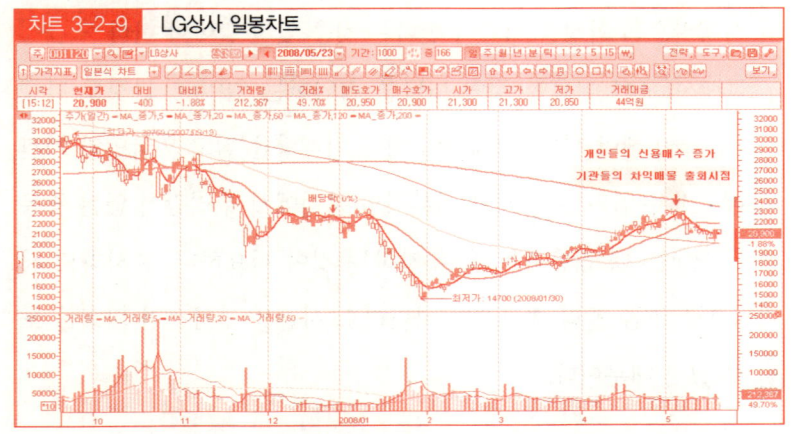

차트 3-2-9 LG상사 일봉차트

124

자들은 오히려 매수를 함으로서 고점에 물리기 시작했다. 일반투자
자들이 물리기 시작한 시점에서 동 종목에 대한 긍정적인 리포트가
많이 나왔고, 일반투자자들은 그것을 적극적으로 신뢰하기 시작했
다는 것이다.

하지만 그 흐름에서 간과한 것은 동 종목이 코스피200종목에서
탈락할 수 있다는 것이 차지하는 비중이었다. 주식시장에서 가장 중
요한 것은 주가를 올릴 수 있는 호재가 아니고 호재를 적극적으로
주가상승의 모멘텀으로 끌어올리는 매수세. 따라서 모든 것에 앞
서 수급을 봐야 한다.

주식시장에서 코스피200종목이란 코스피200종목을 추종하는 펀
드나 기관의 매수로 인해 수급이 견조하게 유지되는 근거로 이해해

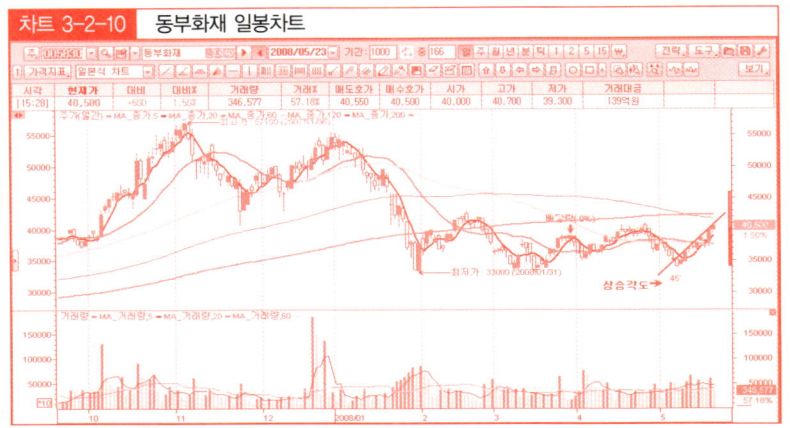

차트 3-2-10 동부화재 일봉차트

야 한다. 따라서 코스피200에서 탈락할 수 있다는 것은 가장 중요한 수급이 훼손될 수 있다는 것을 의미한다. 그래서 동 종목은 수급이 어긋나기 시작한 시점에서는 기업의 실적보다는 수급의 우려감을 더 생각했어야 한다.

반대로 동부화재의 경우를 보면, 박스권에서 유지되는 모습이라 기술적인 저점에서 당연히 매수를 고려할 수 있는 종목이다. 그 시점에서 누가 상승을 주도했는지를 보면, 외국인의 매수시점과 상승시점이 일치되는 것을 알 수 있다. 그 근거는 꾸준한 성장성도 설득력이 있지만, 코스피200에 편입될 수 있는 근거가 더 큰 의미가 있다는 것으로 이해해야 한다.

동부화재 외국인 매매 현황

날짜	시가	고가	저가	종가	대비		등락률	거래량	외인보유	외인비중	외인대비	기관순매수
05/23	40,000	40,700	39,300	40,500	▲	600	1.50%	346,577	18,420,604	26.02%	109,260	61,037
05/22	38,000	40,050	37,200	39,900	▲	1,850	4.86%	606,102	18,311,344	25.86%	235,103	-55,410
05/21	38,200	38,300	36,950	38,050	▼	550	-1.42%	397,532	18,076,241	25.53%	91,590	-20,142
05/20	38,200	39,250	37,950	38,600	▲	700	1.85%	449,373	17,984,651	25.40%	61,552	40,318
05/19	37,050	37,900	36,150	37,900	▲	750	2.02%	557,510	17,923,099	25.32%	189,075	-100,490
05/16	37,200	37,350	36,850	37,150	▲	300	0.81%	317,025	17,734,024	25.05%	69,990	-16,842
05/15	36,800	37,350	36,200	36,850	▲	550	1.52%	659,316	17,664,034	24.95%	52,850	72,046

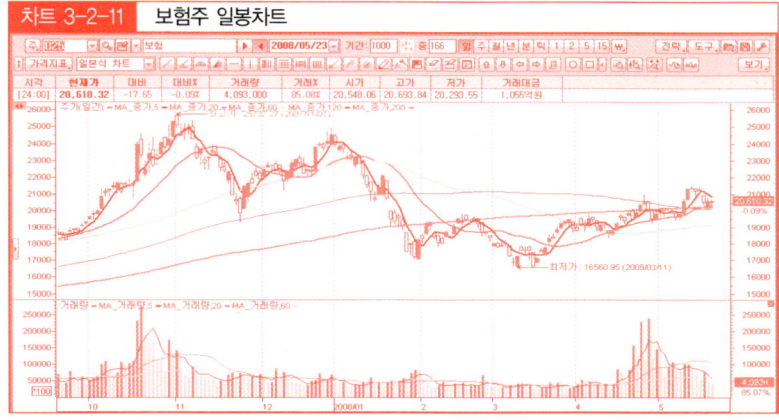

차트 3-2-11　　보험주 일봉차트

　　보험주가 전반적으로 올라가는 시기가 아님에도 특히 보험업종 지수 흐름을 보면 동부화재가 상대적으로 강한 추세를 보이고 있음을 알 수 있다. 같은 기간 동안 동부화재 일반투자자들의 신용매매는 어떤 모습을 보이고 있는지 살펴보자.

동부화재 신용매매 현황

월 일	신 규	상 환	잔 고	금액(백만)	대 비	공여율	잔고율
5/23	17,130	22,010	287,879	7,293	-4,880	4%	0.40%
5/22	13,500	51,285	292,759	7,440	-37,785	3%	0.41%
5/21	14,811	54,897	330,544	8,416	-40,086	3%	0.45%
5/20	10,164	42,743	370,630	9,434	-32,579	3%	0.51%
5/19	36,753	101,513	403,209	10,184	-64,760	6%	0.56%
5/16	62,930	76,662	467,969	11,846	-13,732	12%	0.65%
5/15	47,832	21,282	481,701	12,114	26,550	13%	0.67%
5/14	78,607	21,453	455,151	11,491	57,154	22%	0.63%
5/13	71,562	33,026	397,997	10,351	38,536	14%	0.56%
5/09	69,784	19,910	359,461	9,512	49,874	14%	0.50%
5/08	52,894	44,479	309,587	8,207	8,415	14%	0.43%
5/07	45,811	17,072	301,172	7,920	28,739	23%	0.42%
5/06	27,001	29,024	272,533	7,122	-2,023	9%	0.38%
5/02	65,662	35,270	274,556	7,098	30,392	13%	0.38%
4/30	36,398	21,585	244,164	6,328	14,813	11%	0.33%

주가가 내리 하락하고 있는 시점인 4월말부터 바닥을 찍는 시점까지는 신용매수가 급격하게 증가했다. 하지만 주가가 강한 상승을 보이는 시점부터는 오히려 신용으로 보유하고 있는 물량을 매도하는 정반대 매매를 한 것을 알 수 있다. 물론 신용매매가 일반투자자들의 매매를 모두 대변할 수는 없다. 하지만 일반투자자들의 시장을 보는 흐름이 잘못돼 있음은 알 수 있다. 아마도 기술적으로 본다면 동부화재는 단기적으로는 매도를 고려할 시점에 바짝 다가서 있다고 하겠다.

　하지만 기술적인 흐름보다 중요한 것이 수급이라고 했기 때문에 수급이 훼손되는지를 보고 팔 것인지 말 것인지를 결정하는 것이 더욱 현명한 투자라고 할 것이다. 매수세의 연속성, 즉 수급의 안정성보다는 기관이나 증권사에서 제시하는 목표가를 더 의미 있게 본다면 항상 주가흐름과는 반대투자가 될 수 있다는 것을 명심하자. 쉽게 말하면 돈 벌 기회를 놓칠 수 있다는 것이다.

거래량 급증과 매수 주체의 일치

　주식은 누군가 매수를 해주고, 그것도 가격을 올려가면서 사줘야 주가를 상승시킬 수 있다. 따라서 매수세가 연속성을 보이는 것과 같은 선상에서 그 매수 주체로 인해 거래량이 증가하는지를 체크하는 것도 종목선정에 있어서 중요하며, 보유종목으로 수익을 극대화하는 방법이다. 이 경우는 기술적인 고점, 즉 전고점에서 매도하는 것이 결코 효과적인 투자전략이 아니다.

예를 들면, 거의 대부분의 종목이 전고점에서는 물량 부담을 느끼는데, 이것은 학습효과에 따라 대응하는 투자자들이 있기 때문이다. 하지만 매물대임에도 불구하고 상승의 에너지, 즉 기존 매수 주체가 지속적으로 매수를 하고 있다면 다시 한 번 곰곰이 생각해야 한다.

많은 일반투자자들이 간과하는 것이, "팔고 다시 사야지" 하고 생각하지만 막상 한번 팔고 나서 주가가 내가 판 가격보다 올라가 버리면 머뭇거리다가 다른 종목을 사는 경우가 많다는 것이다. 이 경우 팔아버린 종목은 끝없이 올라가도 교체 매수한 종목은 하락하는 경우를 많이 경험했을 것이다. 따라서 시장의 흐름을 보면서 사고팔고를 재빠르게 하지 못한다면, 매수세의 연속성이 훼손되지 않는 한 보유하는 것도 전략이 될 수 있음을 기억하자. 판단이 서지 않는다면 일봉만 보지 말고 주봉도 보고 월봉도 보는 등 여러 시각에서 보는 것이 필요하다.

CJ홈쇼핑

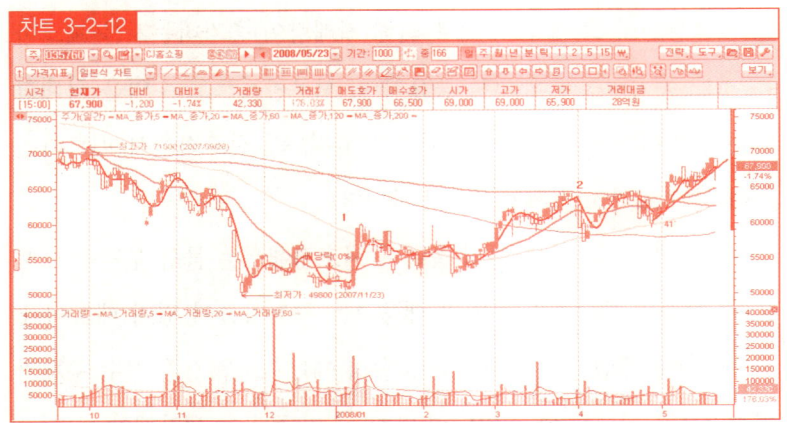

차트 3-2-12

1번과 2번은 각기 다른 박스권을 형성하면서 등락이 반복되는 모습을 보이고 있는 상황이다. 따라서 4월 중순에 동 종목을 보유하고 있었다면 3월 말에 형성된 저고점을 의식한 매도는 바람직한 전략이었다고 할 수 있다. 재매수를 한 투자자는 추가상승을 수익으로 챙길 기회를 잡을 수 있었다(물론 다른 종목을 매수해서 수익이 날 수도 있었겠지만). 매매가 여의치 않아서 보유를 하고 있던 투자자들도 4월 중순에 매도를 한 투자자들보다는 많은 수익을 챙길 수 있었을 것이다.

〈CJ홈쇼핑 외국인 매매 현황〉표에서 외국인 매수의 연속성을 보면 많게는 하루 거래량의 50% 이상을 매수하고 있음을 알 수 있다. 이는 시장흐름을 좌우할 수 있을 정도다. 따라서 이들의 매수가 매도로 돌아서지 않는다면 주가하락의 우려감은 크지 않다는 것이다.

물론 외국인이 매수하고 있으니까 팔지 말라는 단순한 시각은 아니다. 외국인이 아니라 어떤 매수 주체라도 같은 의미다. 주봉과 월봉을 보면 일봉에서는 부담스러운 매물대가 당장은 우려스럽지 않음을 알 수 있는데, 여기서 중요한 것은 수급이 특정 매수 주체의 연속성으로 지속되는 경우는 일봉을 보기보다는 주봉과 월봉차트를 보는 것이 반드시 필요하다는 것이다.

그런데 차트를 보라고 하면 달랑 일봉차트만 보고 선하나 쭉 그어

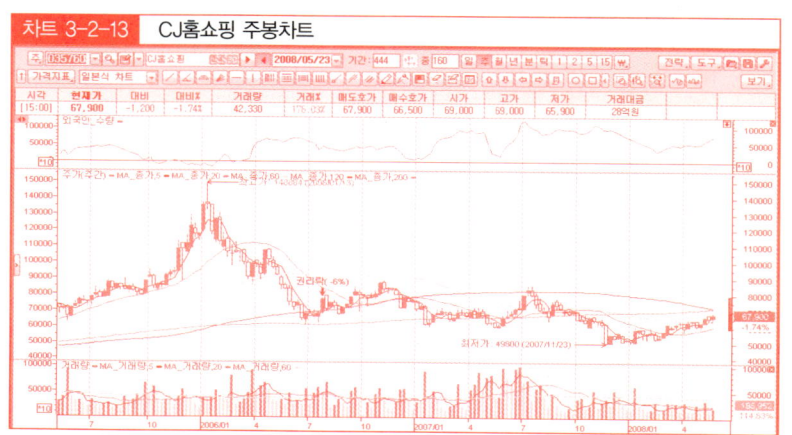

차트 3-2-13   CJ홈쇼핑 주봉차트

보고는 추세가 어떻고 보조지표상 매물대가 어떻고 하며 기술적인 판
단을 하는 경우가 있다. 이렇게 한다면 돈 벌 기회는 절대 오지 않는다.

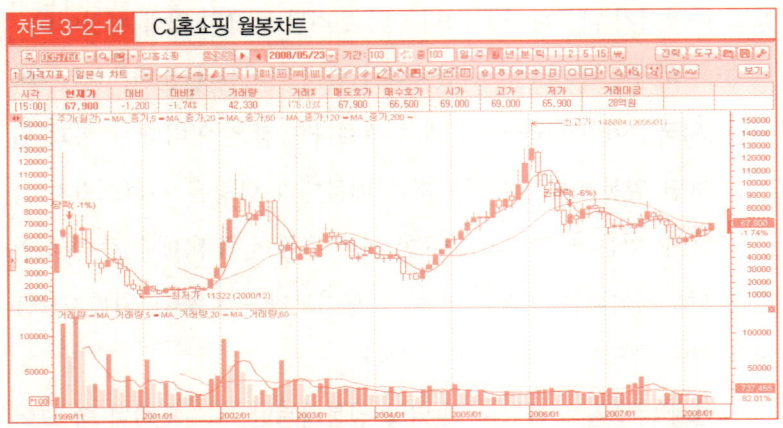

차트 3-2-14 CJ홈쇼핑 월봉차트

CJ홈쇼핑 외국인 매매 현황

날짜	시가	고가	저가	종가	대비		등락율	거래량	외인보유	외인비중	외인대비	기관순매수
05/23	69,000	69,000	65,900	67,900	▼	1,200	-1.74%	42,330	4,187,152	38.05%	10,692	-10,402
05/22	67,600	69,100	67,200	69,100	▲	700	1.02%	24,047	4,176,460	37.95%	14,962	-1,460
05/21	66,800	68,400	66,500	68,400	▲	900	1.33%	32,416	4,161,498	37.82%	14,814	784
05/20	66,700	67,700	66,100	67,500	▲	1,000	1.50%	52,241	4,146,684	37.68%	16,091	13,683
05/19	66,400	67,000	65,500	66,500	▲	700	1.06%	44,918	4,130,593	37.54%	29,324	-24,461
05/16	67,000	67,000	65,300	65,800	▼	700	-1.05%	24,262	4,101,269	37.27%	2,533	-3,002
05/15	65,000	67,200	64,500	66,500	▲	1,400	2.15%	43,184	4,098,736	37.25%	17,044	-11,323
05/14	66,000	66,300	64,900	65,100	▼	700	-1.06%	44,406	4,081,692	37.09%	14,137	-3,192
05/13	67,900	67,900	65,500	65,800	▼	500	-0.75%	58,800	4,067,555	36.96%	23,016	-16,102
05/09	65,500	66,500	65,300	66,300	▲	900	1.38%	82,732	4,044,539	36.75%	23,497	-18,683
05/08	65,800	66,500	65,200	65,400	▼	1,300	-1.95%	57,563	4,021,042	36.54%	-2,348	3,785
05/07	65,700	66,900	65,500	66,700	▲	1,000	1.52%	80,946	4,023,390	36.56%	18,722	22,912
05/06	63,000	65,700	62,500	65,700	▲	2,800	4.45%	113,837	4,004,668	36.39%	63,908	5,032
05/02	61,700	62,900	61,000	62,900	▲	1,200	1.94%	35,783	3,940,760	35.81%	1,628	9,798
04/30	62,200	62,500	61,000	61,700	▼	400	-0.64%	9,782	3,939,132	35.80%	1,647	-1,400
04/29	60,900	62,100	60,500	62,100	▲	2,100	3.50%	39,679	3,937,485	35.78%	26,639	-2,170

04/28	61,300	61,400	59,300	60,000	▼	1,000	-1.64%	56,229	3,910,846	35.54%	-5,631	-28,104
04/25	63,200	63,200	60,400	61,000	▼	1,500	-2.40%	82,262	3,916,477	35.59%	198	-27,076
04/24	61,300	63,000	60,900	62,500	▲	1,800	2.97%	22,274	3,916,279	35.59%	10,404	1,215
04/23	63,900	64,600	60,600	60,700	▼	3,500	-5.45%	66,782	3,905,875	35.49%	-22,065	-25,415
04/22	63,800	64,500	63,400	64,200	▲	1,100	1.74%	37,053	3,927,940	35.69%	4,079	1,847
04/21	64,500	64,500	63,100	63,100	▼	1,300	-2.02%	59,947	3,923,861	35.66%	-6,245	-1,055

아직 방향을 판단하기 쉽지 않은 시점에 있는 종목으로 지금 언급한 추세를 기억하는 시간을 가져보자.

케이피케미칼

같은 자료인 일봉 주봉 월봉과 외국인 매수세를 살펴보자. 우선 일봉상 흐름에서 보면 직전고점을 돌파한 최근 주가(1번)가 전고점 매물대에 근접하고 있음을 알 수 있다. 따라서 기술적으로는 단기매매 시점에 와 있음을 알 수 있다.

최근 3일간 급증한 거래량과 다음 페이지의 〈외국인 및 기관의 매매 동향〉에 관한 표를 보면 특정 매수 주체의 매수 강도가 적극적으로 증가하고 있음을 알 수 있다. 따라서 일봉상 흐름에서 단순히 전고점에 도달했다는 것만 주목하고 매도에 치중하는 것보다는 단기매매를 병행한 중기전략이 유효하다는 것을 생각해볼 필요가 있다. 월봉은 추세상승을 유지하고 있고 주봉상 3주째 증가한 거래량이 의미하는 바는 매수세의 연속성과 같은 개념으로 봐야 한다.

케이피케미칼 일봉차트

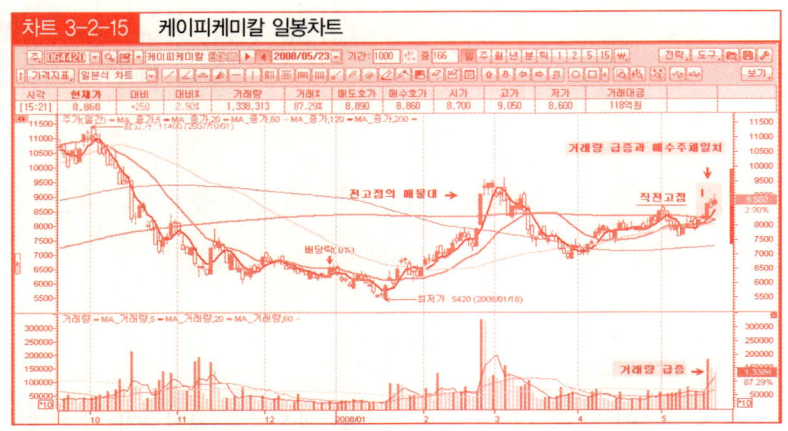

케이피케미칼 주봉차트

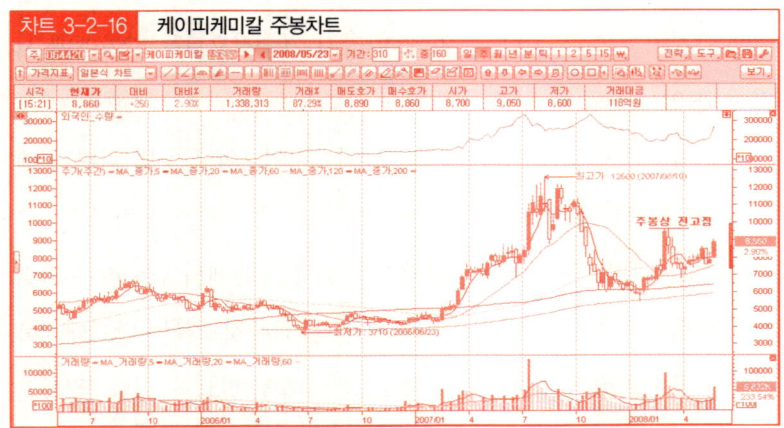

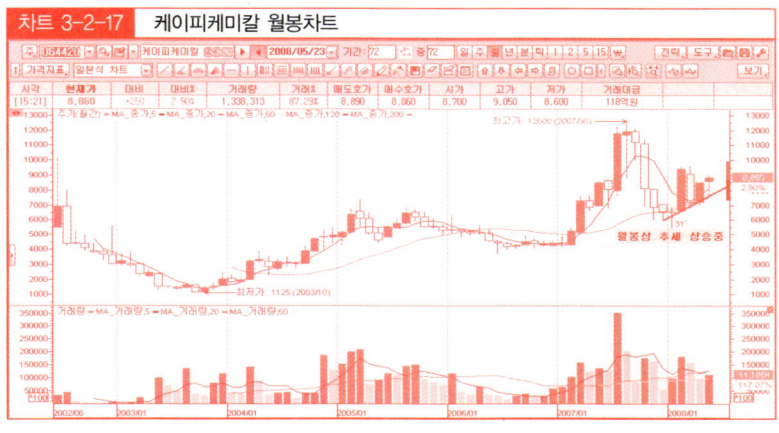

차트 3-2-17	케이피케미칼 월봉차트

케이피케미칼 외국인 및 기관의 매매 동향

날짜	시가	고가	저가	종가	대비	등락율	거래량	외인보유	외인비중	외인대비	기관순매수
05/23	8,700	9,050	8,600	8,860	▲ 250	2.90%	1,338,313	3,540,180	3.60%	138,200	46,980
05/22	8,770	8,910	8,570	8,610	▼ 110	-1.26%	1,533,110	3,401,980	3.46%	326,930	-66,159
05/21	8,180	8,740	8,110	8,720	▲ 500	6.08%	1,816,345	3,075,050	3.13%	77,390	188,135
05/20	8,290	8,350	8,190	8,220	▲ 60	0.74%	587,415	2,997,660	3.05%	74,860	-44,533
05/19	7,990	8,190	7,900	8,160	▲ 290	3.68%	556,859	2,922,800	2.97%	248,700	7,410
05/16	8,200	8,260	7,820	7,870	▼ 220	-2.72%	622,841	2,674,100	2.72%	-100,370	42,150
05/15	8,120	8,260	8,090	8,090	▲ 50	0.62%	560,482	2,774,470	2.82%	50,070	20,156
05/14	7,910	8,340	7,910	8,040	▲ 130	1.64%	789,388	2,724,400	2.77%	278,310	-14,550
05/13	7,660	8,030	7,660	7,910	▲ 290	3.81%	524,558	2,446,090	2.49%	114,080	16,704
05/09	7,990	8,000	7,620	7,620	▼ 360	-4.51%	712,002	2,332,010	2.37%	7,750	-93,490
05/08	7,830	8,170	7,810	7,980	▲ 70	0.88%	598,576	2,324,260	2.36%	-6,540	-46,170
05/07	8,150	8,270	7,800	7,910	▼ 230	-2.83%	594,428	2,330,800	2.37%	24,490	-109,200
05/06	8,480	8,480	8,100	8,140	▼ 360	-4.24%	570,713	2,306,310	2.35%	-46,310	2,800
05/02	8,600	8,660	8,390	8,500			380,159	2,352,620	2.39%	2,280	12,374
04/30	8,140	8,510	8,140	8,500	▲ 360	4.42%	615,596	2,350,340	2.39%	105,760	24,651
04/29	8,300	8,350	8,120	8,140	▼ 130	-1.57%	399,527	2,244,580	2.28%	-8,730	33,064
04/28	7,960	8,270	7,960	8,270	▲ 290	3.63%	558,351	2,253,310	2.29%	-11,060	72,589
04/25	7,840	8,210	7,840	7,980	▲ 160	2.05%	658,565	2,264,370	2.30%	53,490	88,850
04/24	8,050	8,110	7,820	7,820	▼ 150	-1.88%	329,260	2,210,880	2.25%	-7,460	-12,580
04/23	7,810	7,970	7,750	7,970	▲ 120	1.53%	396,766	2,218,340	2.26%	40,900	11,464
04/22	7,870	7,940	7,830	7,850	▼ 20	-0.25%	329,301	2,177,440	2.21%	19,930	-6,745
04/21	7,860	8,110	7,840	7,870			388,229	2,157,510	2.19%	15,280	-22,762

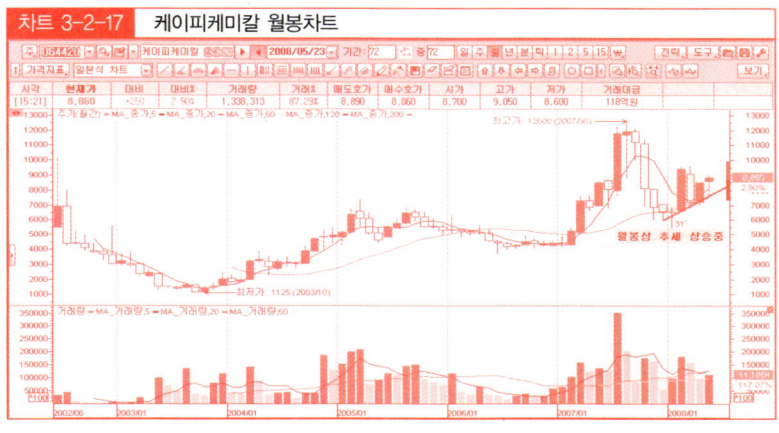

처음 매매한 종목이 수익을 주게 되면 투자자들은 그 테두리를 벗어나지 못하게 된다. 그런데 그것이 초저가 종목이었다면 어떨까?

작전성 종목은 항상 일반투자자를 고점에서 울린다

주식투자는 제로섬게임은 아니지만 누군가는 손해를 보고 그보다 적은 숫자의 누군가는 수익을 보는 곳이다. 상한가를 기록하는 종목은 투자자들의 관심을 불러모은다. 상한가를 기록한 종목은 과연 언제 팔아야 할까? 원칙을 세우면 수익을 챙길 수 있다. 지금부터 그 원칙을 살펴보자.

상한가를 지속하는 종목은 장중 변동 폭이 커지는 시점에서 경계신호를 보내고 있음을 알아야 한다. 따라서 상한가를 기록하고 있다고 해도 상한가(또는 장중 고점)에 하루 거래량의 1/4인 25% 이상이 거래된다면 내일을 기약할 것이 아니라 그날이 매도시점이 된다는 것으로 원칙을 세우자. 개별종목이건 테마주건 소위 작전성 종목은 일반투자자들을 현혹시켜야 소위 세력들이 수익을 챙길 수 있다. 따라서 마지막 불꽃을 더 강하게 태우는 법이다. 그걸 계속 믿고 들어간다면 불나방이 될 수 밖에 없다.

다음 차트는 주가가 급등한 코스닥 N사의 2008년 4~5월 주가흐름이다.

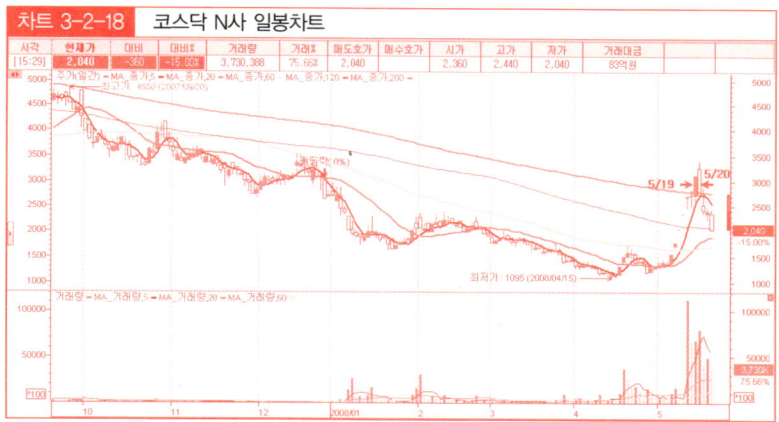

5월 19일은 장중 변동성이 현저하게 커지는 모습을 보였지만 양선으로 마감돼 보유한 투자자들은 종가를 보고 다소 안도했을 것이다. 냉정한 투자자라면 5월 20일을 기다릴 것이 아니라 5월 19일 종가를 매도시점으로 잡았어야 한다. 이미 지난 흐름을 보고 이야기하는 것이 아니고 장중 변동 폭이 커지는 시점에서는 매도한다는 원칙을 적용한 결과다. 분봉을 보면 매도시점에 근접하고 있다는 신호를 볼 수 있다.

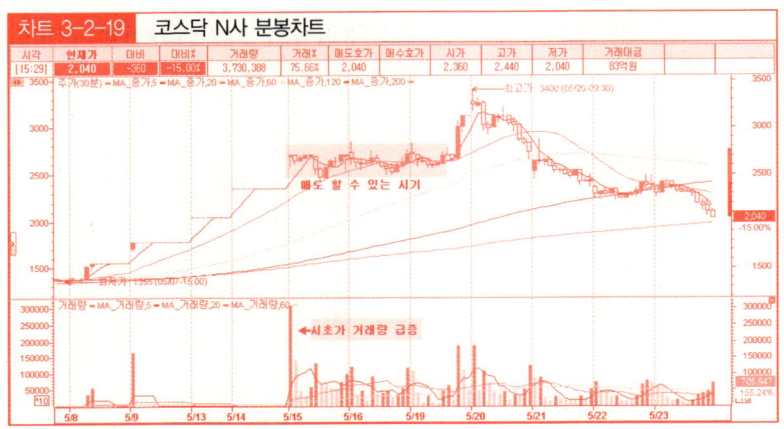

차트 3-2-19 코스닥 N사 분봉차트

5월 14일까지는 상승세가 이어지고 있음에도 거래량이 증가되는 모습이 나타나지 않았다. 하지만 5월 15일에는 동시호가부터 거래량이 증가하는 모습을 보여 매도 가능성을 알려주고 있다. 원칙적으로 보면 5월 15일에 매도를 한 경우 19일과 20일의 상승은 아쉬움으로 남는 것이다. 그런데 고점을 찍고 밀린 5월 19일에 신용으로 매수한 신규물량이 당일 전체 거래량의 23%인 1,564,494주였다. 물론 그만큼의 수량이 줄었지만 신규로 매수한 투자자들은 4일만에 35%의 손실을 본 것이다. 이 한 종목에 신용으로 전부 투자했다면 아마도 깡통계좌가 됐을지도 모르는 일이다.

저가주나 작전성 종목은 가능한 매매하지 말라고 해도 굳이 매매를 해야겠다면 더더욱 칼같이 원칙을 지켜야 한다. 이미 급등한 종목은 절대 사지 말아야 한다. 누군가 매수한 물량을 팔아먹기 위해서 감언이설을 할 것이고, 거기에 넘어가면 다시는 회복할 수 없는 구렁텅이로 빠지게 된다. 그 감언이설의 시점이 바로 장중 변동 폭이 커지는 시점이라는 것을 잊지 말아야 한다. 혹시라도 기다리면 내가 산 가격으로 오를 수 있지 않을까 하는 기대감은, 그래도 현금으로 매수한 투자자는 가질 수 있겠지만 신용매수로 소위 몰빵을 했다면 어찌 되겠는가?

소위 작전성 종목으로 일반 개미투자자들을 울리는 세력이 없어지지는 않을 것이다. 그렇다면 살아남는 원칙을 지키지 않을 바에는 작전성 종목이 설치는 저가주와는 과감히 작별해야 한다.

매매와 투자의 차이를 모른다면 주식투자를 하지 말라

주식은 누구든지 계좌를 만들고 돈만 있으면 살 수 있다. 하지만 무조건 들고만 있다고 해서 주식이 돈은 되는 것이 아니다. 물론 장기투자로 안정적인 수익을 챙길 수 있다. 하지만 문제는 일반투자자들의 매매 행태다. 사고 나서 하락해도 못 팔고 올라가도 못 판다면 이건 장기투자가 아니기 때문이다. 하락했기 때문에 손해를 봤기 때문에 어쩔 수 없이 못 파는 경우와, 사고 나서 상승을 했는데 더 올라 갈 것 같아서 못 파는 경우는 결국 장기 보유를 해봐야 별반 도움이 되지 않는다.

특히 단기간에 급등하는 종목을 보유했을 경우 이런 현상이 더욱 심해진다. 장기 보유는 그 기업의 본질가치가 반드시 전제돼야 하고 성장성이 따라줘야 한다. 이 두 가지가 연결되지 않은 종목은 매매를 해야지 투자를 해서는 안 된다. 본질가치가 없는 종목을 투자 대상으로 보유하게 되면 어떤 결과가 오는지 예를 들어보자.

동 종목은 액면분할을 한 종목도 아니고 부도가 난 종목도 아니다. 그런데 참으로 대책 없이 많이도 하락을 했다. 하락이 아니라 폭

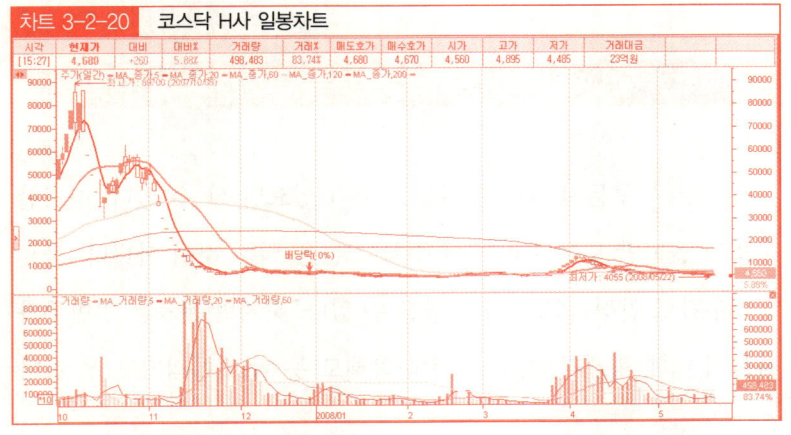

락이라고 해야 맞을 것이다. 그런데 저 종목을 저 고점에서 장기투자했다는 투자자들이 있다. 대주주가 나쁘다고 욕을 해봐도, "언젠가 기다리면 내가 산 가격까지는 오지 않겠나" 하고 스스로를 위로해도 바뀌는 것은 아무것도 없다.

〈차트 3-2-20〉은 코스닥에 상장된 H사로 정말로 많은 투자자들을 울린 종목이다. 투자는 갑자기 나오는 재료에 의해서 결정되는 것이 아니다. 투자자들은 그저 그 흐름에 휩쓸린 자신의 얇은 귀를 탓할 수밖에 없다. 본질가치와 그에 따른 성장성이 꾸준하게 지속되는 근거를 포착했을 경우에만 비로소 투자라는 말을 쓸 수 있는 것이다. 그런데 그저 아침에 주식을 사놓고 오후에 올라가기를 기다리는 식으로, 시간이 지나면 수익이 날 거라고 기대를 한다. 투자자가 당장 급한 돈이 아니니까 본전이 될 때까지는 기다리겠다고 하면 아무런 대책을 세울 수도 없고, 그렇다고 보유한 기업이 무조건 나쁘니 팔라고 채근할 수도 없는 노릇이다.

참으로 아이러니하지만 이런 부류의 종목은 1년에 몇 개씩 매년 나온다. 1,800여 개의 상장 종목에 비하면 미미한 비율이다. 하지만 왜 이 종목에 이렇게 많은 투자자들이 걸려들어서 눈물을 흘리는지 생각해보자. 그리고 그 길로는 절대로 가지 말아야 한다.

일반투자자들이 공격적으로 매수하는 시점은, 공통적으로 결코 바닥이나 저점이 아니다. 언제나 그렇듯 처음에는 신중하게 접근한다. 그런데 문제는 바로 자신감이다. 조금 과장된 표현일 수 있겠지만 주식시장은 진실과는 거리가 멀다는 것을 항상 염두에 두어야 한다. 물론 모두 왜곡된 것으로 봐서는 안 되겠지만, 최소한 내가 잘 모르는 기업이라면 일단은 색안경을 끼고 봐야 한다. 따라서 내가 알지 못하는 기업이라면 쳐다보지도 않는 것이 어려움에 빠질 가능성을 그만큼 줄일 수 있다.

투자자들을 울리고 투자자들을 강제로 주식시장에서 쫓아내는 종목은 일반투자자들이 이름만 들어서는 무슨 일을 하는 기업인지 전혀 알 수 없는 경우가 대부분이다. 아마도 그래서 코스닥 기업이 거의 대부분을 차지 하지 않나 싶다. 최소한 기업명을 듣고 무슨 일을 하는지를 모르겠다면 투자 대상이 아니라고 생각하고 절대로 매수하지 말자.

루머가 판치는 주식시장에는 늘 그럴싸한 이야기들이 돌고 있다. 특히 주가가 제법 올라간 시점에서는 루머는 마치 사실인 양 더 가공되고 포장돼서 내 귀까지 들리게 된다. 시중에 떠도는 루머를 일반투자자들이 일일이 확인하고 그에 맞는 적절한 대처를 취하는 것은 사실상 어렵다. 혹여 조회공시를 공식적으로 요구하는 경우에도 상투적인 내용을 벗어나는 경우는 거의 없다. 조회공시 요구와 답변을 예로 보면,

> **조회공시 요구** : 코스닥시장 본부는 4일 최근 ○○○○의 주가급락에 대해 영향을 미칠 만한 구체적인 사유를 오는 5일 오후까지 요구 했다.
>
> **답변** : ○○○○은 5일 조회공시 답변을 통해 "주가급락에 영향을 미칠 만한 사항으로서 현재 진행 중이거나 확정된 사항 등 특이한 사항은 없다" 고 밝혔다.

이것이 투자에 무슨 도움이 되겠나?

두 번째로 벗어날 수 있는 방법은, '투자주의'가 따라붙는 종목은 매수하지 않는 것이다. 기업의 가치가 성장성과 이어지면서 충분한 설득력이 있다면 기관투자가나 외국인들이 매수를 마다할 리가 없 다. 일반투자자들을 망가뜨려서라도 수익을 챙기는 것이 기관과 외 국인들인데, 그들이 매수를 안 하는 것은 본질가치가 영 미덥지 않

기 때문일 것이다. 따라서 단순히 거래량만 증가하고 투자 주체가 객관화되지 않는 종목은 결코 투자 대상으로 봐서는 안 된다.

급등한 종목은 반드시 급락한다. 기업의 가치를 도외시하고 오버슈팅된 종목은 특히 그렇다. 그 종목엔 대부분 투자주의라는 꼬리표가 붙어 있어 경계하라는 의미를 강조하고 있는데, 그걸 따라 사는 투자자들의 마음은 도저히 알 수가 없다.

급락을 하더라도 팔 기회를 준다면 그래도 괜찮지만, 급등 후 급락으로 제자리(?)를 찾아가는 종목은 절대로 팔 기회를 주지 않는다. 이들 종목의 공통점은 제3자 유상증자가 빈번하고 대표이사가 빈번하게 바뀌고 사명도 수시로 바뀐다는 것이다. 또한 시장 분위기에 따라 사업목적은 수시로 추가된다. 매수를 결정하기 전에 공시내용

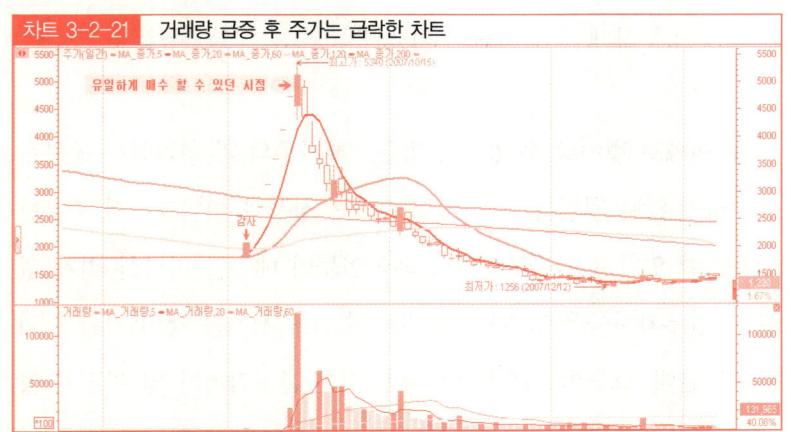

차트 3-2-21 거래량 급증 후 주가는 급락한 차트

만 확인해도 이런 내용을 알 수 있기 때문에 구렁텅이로 빠지는 것을 피할 수 있다. 기업이 좋고 성장성이 있다면 대주주가 왜 수시로 바뀌겠는가! 의도적인 핑계로 급등한 종목은 거의 같은 속도로 급락한다는 것을 명심하자. 팔 기회도 주지 않는다.

〈차트 3-2-21〉에서 보듯 살 수 있는 유일한 시점이 바로 고점이 됐고, 설마 설마 하면서 보유하고 있다면 이제는 그 가격을 회복할 길은 요원하게 되었다. 혹시라도 떨어지기 전에 팔면 된다는 생각을 하고 있다면 망할 각오를 해야 한다.

액면가를 비교하는 것이 중요한 것은 아니지만, 주가가 과연 그 기업의 가치를 제대로 반영하고 있는가를 판단하는 시점에서 참고자료로서는 의미가 있다. 대부분 액면가가 500원인 코스닥기업들 중에서 매년 영업이익이나 순이익이 마이너스인 기업은 주가가 액면가보다 못한다고 해도 혹시 단타라도 매수를 해서는 안 된다. 매년 주식시장에서 퇴출되는 기업이 거래소보다는 코스닥시장에서 나오는 경우가 대부분인데 주로 이런 종목이 해당되기 때문이다.

퇴출이라는 것은 내 주식이 돈으로서의 가치가 없다는 것을 의미한다. '설마' 하고 들어가거나 '퇴출 대상으로 거론되다가도 퇴출 대상에서 빠지게 되면 급등을 하더라'는 생각은 하지도 않는 것이 좋다. 어떤 종목이 퇴출될지는 정확히 알 수는 없어도 근접하는 종목을 피하기 위해서는 아래 상장폐지요건을 확인하는 것이 최선이다.

NO	항목	상장폐지요건(관리종목지정 포함)
1	주된 영업정지	■관리종목지정 : 주된 영업이 정지되거나 양도결정이 있을 때 ■상장폐지 : 관리종목 지정 후 3개월 이상 주된 영업의 정지 상태가 계속되거나 영업의 전부가 양도되는 경우
2	매출액	■관리종목지정 : 최근 사업연도 30억 미만인 경우 ■상장폐지 : 2년 연속 30억 미만인 경우
3	법인세용차감전계속사업손실	■관리종목지정 : 자기자본 50% 이상의 법인세비용차감전계속사업손실이 2년 연속 ■상장폐지 : 3년 연속의 경우
4	거래량	■투자유의종목지정 : 분기의 월평균 거래량이 유동주식수의 1%에 미달하는 경우. 월간 거래량이 1만 주 이상(액면가 5,000원 기준), 소액주주 300인 이상이 유동주식수의 20% 이상인 경우에는 적용배제 ■상장폐지 : 다음 분기에도 동일한 사유가 발생하는 경우
5	지분분산	■관리종목지정 : 소액주주 200인 미만 또는 소액주주 지분 20% 미만인 경우, 다만 소액주주 300인 이상이 유동주식수의 10% 이상으로서 100만 주 이상을 소유하는 경우는 적용배제 ■상장폐지 : 1년 이내에 분산기준 미달사유를 해소하지 않는 경우
		■관리종목지정 ① 최근 반기말 또는 사업연도말을 기준으로 자본잠식률 50% 이상

6	자본잠식 자기자본 감사(검토)의견	② 최근 반기말 또는 사업연도말을 기준으로 자기자본 10억 원 미만 ③ 반기검토의견 부적정, 의견거절, 범위제한으로 인한 한정인 경우이거나 반기보고서 법정제출기한 다음날부터 10일 이내에 코스닥시장 공시규정 제6조 1항 제2호 마목(2)의 규정에 따른 신고를 하지 않는 경우 ■상장폐지 i) 위의 ① 또는 ③ 이후 도래하는 반기말 또는 사업연도말 자본잠식률 50% 이상 ii) 위의 ② 또는 ③ 이후 도래하는 반기말 또는 사업연도말 자기자본 10억 미만 iii) 위의 ① 또는 ② 또는 ③ 이후 도래하는 반기말 감사의견이 부적정, 의견거절 또는 감사범위 제한으로 인한 한정이거나 반기보고서 법정제출기한 다음날부터 코스닥시장 공시규정 제6조 1항 제2호 마목(2)의 규정에 따른 신고를 하지 않는 경우 ※ 사업(반기)보고서의 법정제출기한까지 상장폐지사유를 해소하였음을 입증하는 서류제출시 이를 기준으로 판단 ■즉시 상장폐지 ⊙ 최근 사업연도말 완전자본잠식 ※ 사업(반기)보고서의 법정제출기한까지 상장폐지사유를 해소하였음을 입증하는 서류제출시 이를 기준으로 판단 ⊙ 사업연도말 감사의견이 부적정 또는 의견거절이거나 감사범위 제한으로 인한 한정인 경우 ※ 계속기업 불확실성으로 인한 경우 사업보고서 제출기한 이후 10일 이내에 동일한 감사인의 사유해소에 대한 의견서 제출시 반기까지 퇴출유예

		→ 반기 감사의견이 부적정 또는 의견거절이거나 감사 범위제한으로 인한 한정인 경우, 또는 반기보고서 법정 제출기한 다음날부터 10일 이내에 코스닥시장 공시규정 제6조 제1항 제2호 마목(2)의 규정에 따른 신고를 하지 않는 경우 퇴출
7	법인세비용차감전계속사업손실 및 시가총액	■관리종목지정 : 최근 사업연도 법인세비용차감전계속 사업손실이 있고 시가총액이 50억 원 미만인 상태가 사업보고서 제출일 익일부터 60일간의 기간(매매거래일 기준) 동안 연속 10일 또는 누적 20일 ■상장폐지 : 동일한 사유가 2년 연속 발생
8	공시서류	■관리종목지정 ① 분기, 반기, 사업보고서를 법정제출기한까지 미제출 ② 사업보고서 법정제출기한까지 사업보고서를 미제출 하거나 정기주주총회에서 재무제표 미승인 ■상장폐지 : 위의 ① 또는 ②의 사유로 투자유의종목 지정된 다음 회차에 ① 또는 ②의 사유가 재발한 경우 ■즉시 상장폐지 : 2년간 3회 이상 분기, 반기, 사업보고 서 법정제출기한까지 미제출 또는 사업보고서 제출기한 후 10일 이내 미제출
9	사외이사 등	■관리종목지정 : 사외이사의 수가 법에서 정하는 수에 미달되거나 감사위원회의 구성요건을 충족하지 못하는 경우 ■상장폐지 : 동일한 사유가 2년 연속 발생
10	주가	■관리종목지정 : 보통주식의 종가가 액면가 40% 이하 로 30일간 지속 ■상장폐지 : 관리종목 지정 후 90일의 기간 동안 연속 10일 & 누적 30일간 액면가 40% 이상의 조건을 만족 하지 못하는 경우
		■관리종목지정 : 보통주식의 시가총액이 20억원 미만

11	시가총액	으로 30일간 지속 ■상장폐지 : 관리종목지정 후 90일의 기간 동안 연속 10일 & 누적 30일간 20억원 이상의 조건을 충족하지 못하는 경우
12	허위서류 등	■관리종목지정 : 상장과 관련한 서류의 중요내용의 허위기재 또는 누락 ■상장폐지 : 상기사유가 1년 내 추가확인 되는 경우
13	기타(즉시 상장폐지)	■최종부도 또는 은행거래정리 ■타법인에 피흡수합병되는 경우 ■채무자 회생 및 파산에 관한 법률의 규정에 의하여 회생절차 개시신청을 하는 경우 ■정관 등에 주식양도에 관한 제한을 두는 경우 ■유가증권시장에 상장하기 위하여 상장폐지 신청을 하는 경우 ■우회상장시 우회상장기준 위반 ■법령위반으로 기업의 존립이 중대한 영향을 받는 경우 – 시세조종 등 불공정거래 – 고의중과실로 인한 허위공시 등 공시의무위반 – 회계처리기준 위반 ■기타 거래소가 상장을 폐지할 필요가 있다고 인정하는 경우

주식시장에서 대박은 항상 쪽박을 데리고 다닌다. 그래서 혹시나 하거나 순간적인 판단착오는 쪽박으로 이어질 수밖에 없다. 인터넷이 발달하면서 투자자들이 접할 수 있는 정보는 주체할 수 없을 정도로 증가하고 있다. 그런데 정보가 증가하는 만큼 검증되지 않은

정보를 접할 수 있는 경우도 역시 커진다는 것이 문제다. 각종 주식 관련 사이트가 부지기수로 증가하고 있고, 각종 포털사이트의 카페나 블로그까지 포함한다면 그야말로 눈에 보이는 모든 것들이 주식 정보라고 해도 과언이 아닐 것이다.

주식시장에는 이런 것들을 이용하는 세력들이 있고 이런 것에 이용당하는 선량한 투자자들도 있다. 주식을 사놓고 또는 사기 위해서 기업의 정보를 알아보고자 여기저기를 조사하는 것을 탓할 수는 없다. 하지만 그 내용을 맹신한다면 이야기는 달라진다.

필자가 각종 사이트에서 이미 사고(?)가 터진 종목에 대해 투자자들이 올린 글들을 읽으면서 참으로 답답한 적이 한두 번이 아니었다. "회사 측이 자금 사정에 문제가 없다고 해서 믿었다, 외국인도 사고 있어서 괜찮을 줄 알았다, 이제 어쩌면 좋겠냐"는 글들이 너무나도 많기 때문이다.

어떤 기업이 자기 기업이 부실하다고 공시를 하겠으며, 어느 기업이 당장 내일 부도가 날 것 같다고 해도 그 사실을 밝히겠는가! 객관적으로 분위기가 자금압박으로 언급되고 있다면(공시를 요구할 정도면 이미 자금 사정이 어렵다고 봐야 한다) 손해 여부를 떠나서 팔고 나와야 한다. 처음부터 부실의 징후를 보이는 종목은 사지 말아야 하지만, 어쩔 수 없이 보유하고 있다면 빠져나오는 것 외에 방법은 없다. 기업의 말만 믿고 보유를 지속했다면 자신을 탓할 수밖에 없다.

또 짚고 넘어갈 부분이 외국인 매수 부분인데, 앞에서도 언급했지만 기업의 가치보다 주가가 낮게 평가 받고 있다면 외국인이 그냥 놔둘 리가 없고 기관도 마찬가지다. 코스닥기업이 상장될 때 그야말로 외국인이나 기관들이 무식하게(!) 사는 종목을 보면 성장가치가 있는 경우가 분명히 많다. 따라서 주가가 급등하는 경우가 많을 수밖에 없다.

하지만 외국인이 매수를 한다는 이유만으로 프리미엄을 줘서는 안 된다. 코스닥 부실기업에 유입되는 외국인은 소위 '검은머리 외국인' 일 수 있기 때문이다. 이들은 그야말로 일반투자자들을 끌어들이기 위한 미끼로 판단해야 한다.

아주 기본적인 원칙이지만 재무 상태가 부실한 기업은 내일 당장 상한가를 간다고 해도 입질도 하지 말자. 일반투자자들은 기관과 외국인의 상대가 되질 못한다. 특히 작심하고 덤벼드는 세력들과는(그것이 외국인이나 기관이 아니더라도) 싸워도 승산이 없다. 승산이 없는 게임은 하지 않는 것이 철칙이다. 특히 자신의 소중한 투자원금을 지켜야 하는 주식시장에서는 말이다.

뉴스에 뭔가 나오면 두말도 않고 따라 사는 투자자들이 이제는 없었으면 한다. 그렇게 귀에 못이 박히도록 얘기를 해도 왜 이미 주가가 올라가 있는데, 그리고 그 올라간 재료가 노출되는 시점에서 왜 그리 공격적으로 따라 사는지 답답할 뿐이다. 뉴스를 듣고 따라 사서 성공한 경우가 있기나 한지 모르겠다.

주식투자를 잘하려면 IV

1. 주가는 항상 제값을 찾아간다. 결국 때를 못 맞추면 항상 손실이 커지게 된다.

2. 차트만 보고 매매해서는 수익을 낼 수 없다. 하지만 차트를 보지 않고 매매하는 것도 결코 잘하는 투자는 아니다.

3. 투자와 매매를 구별해야 성공투자를 할 수 있다.

Q : 기술적 분석은 아무리 봐도 어려운 것 같습니다. 차트 분석에서 가장
중요하게 봐야 할 것은 무엇인가요?

A : 결론부터 먼저 말하면 차트에서 가장 중요한 부분은 아이러니하게도
차트가 아니고 그 차트를 구성하는 근거다. 이를 전제조건으로 차트
가 형성되기 때문이다. 차트는 주가의 흐름을 모아놓은 과거자료다.
따라서 차트가 향후 주가의 움직임을 나타내는 지표라고 생각하면
오산이다. 다만 투자자들이 학습효과에 따라 움직이는 경향이 있기
때문에 과거의 차트를 놓고 현재의 흐름을 추정하기도 하는 것이다.
하지만 이것도 극히 제한적으로 의미가 있다고 봐야 한다.
한편 여기서 중요한 것은 흔히 우리가 이야기하는 일봉차트의 캔들
이 아니고 그 시점에 수반되는 거래량이라는 것을 알아야 한다. 차
트를 보는데 왜 거래량이 중요하다는 것일까? 투자자의 시장에 대한
심리는 거래량이 알고 있기 때문이다. 결국 거래량이 최고의 비중을
차지하는 것이다.
정형적으로 만들어진 수많은 차트 모양을 실제 시장에 적용한다는
것은 어쩌면 어리석은 투자가 될 수 있다. 왜냐하면 시장은 매번 다
르게 움직이는데 과거의 패턴을 현실에 맞춘다는 것은 억지가 될 수
있기 때문이다. 이 역시 거래량을 무시하고 정형화된 차트에 의존해
서는 안 된다는 것을 의미한다. 다만 이동평균선은 지지선이나 저항

153

선을 확인하는 시점에서는 반드시 체크해야 한다. 하루하루의 주가 움직임이 아니라 일정 기간의 주가의 평균으로 수많은 투자자들의 심리를 반영하기 때문이다.

주식을 이야기하면 대부분 기술적 분석인 차트가 주로 언급되지만, 독자들은 오늘 이 시간 이후부터는 재무제표를 읽는 법이나 기업의 기본적인 분석을 확인하는 데 더 많은 시간을 투자해주길 바란다. 주식투자는 객관식 4지선다형이 아니고 주관식 단답형도 아니다. 이것저것 필요한 내용을 모두 써야 하는 서술형 답안을 요구한다.

본서 전반적으로 기술적 부분에서 언급되고 있는 것이 일봉보다는 거래량이며, 그 기저에는 기업의 본질가치인 기본적 분석이 있다. 차트는 주가의 흐름을 나타낸 것이지만 원칙적으로는 기업의 가치를 반영하는 척도다. 차트를 잘 보고 주가흐름을 잘 예측하려면 재무제표를 잘 보는 것이 무엇보다 중요하다. 오버슈팅된 고평가 상태인지 아니면 저평가 상태로 매수를 할 시점인지는 차트가 말해주는 것이 아니다. 차트는 그 흐름을 표시한 것에 불과하다. 물론 투자자들의 심리가 반영되고는 있지만 본질가치인 기업의 실질적인 내용은 순간순간 반영되는 것이 아니다. 또한 매수할 종목이나 매도할 종목을 일정한 차트의 틀 속에서 평가해서는 안 된다.

반드시 기억해야 할 것은 차트만 보면 성공할 수 없으며, 차트는 기술적 분석인 만큼 기본적 분석이 우선이라는 점이다. 또한 차트만 보면 성공할 수 없지만 차트를 볼 줄 모르면 이 역시 성공할 수 없다.

Part 4

Chapter 1

주식은 '파는' 예술이다. 수익을 내고도 제대로 팔지 못해서
확보했던 수익조차 챙기지 못하는 경우를 대부분 경험했을
것이다.

냉정한 투자자가 성공한다

주식시장을 하루종일 보고 있으면 분위기에 휩쓸리게 된다. 안 사면 돈을 못 벌 것 같고, 팔면 주가가 올라갈 것 같은 생각이 들기도 한다. 하지만 주식은 돈이 있다고 모두 사들이고, 또 그래야만 수익을 챙길 수 있는 것이 아니다.

주식은 '파는' 예술이다. 사는 건 누구나 할 수 있다. 제법 잘 사서 수익을 내고도 도대체 제대로 팔지 못해서 확보했던 수익조차도 챙기지 못하는 경우를 아마도 대부분의 독자들이 경험했을 것이다. 살 때도 물론 정확한 판단이 요구된다. 하지만 매도시점의 무게 중심이 절대적으로 강하다는 것을 알아야 한다.

주식투자자들 중에 '냉정하고 차분하게' 투자하는 투자자가 몇이나 될까? 아마도 이 비율이 주식투자로 성공하는 비율과 같지 않을까 싶다. 성공투자로 주식시장에서 자리매김을 하려면 우선은 냉정하고 차분해지자. 조금만 내려가면 싸다는 생각에 사고, 조금만 올라가면 불안해서 판다면 성공투자를 기대할 수 없다.

왜 이처럼 짧은 시각으로 주식시장을 볼까? 매매기술이 없는 것도 문제지만 매수한 종목에 대한 자신감이 없기 때문이다. 살 때나 팔 때 모두 정확한 판단이 필요하다. 그리고 그 기본은 기업의 가치를 제대로 아는 것이다. 기업의 내용도 모르면서 매수시점을 정확하게 판단한다는 것이 과연 의미가 있을까?

주식은 싸게 사서 비싸게 팔면 돈을 벌 수 있지만, 비싸게 사서 더 비싸게 팔 수 있다면 그 역시 정확한 투자전략이다. 따라서 '냉정하라'는 의미는 무조건 싸게 살 시점을 포착하라는 것이 아니라 기업의 가치보다 저평가된 시점을 노리고 더 비싸게 팔 수 있는 목표가를 설정할 수 있는 판단력을 키우라는 것이다.

매수하는 기술

무조건 한 번에 사려고 해서는 안 된다. 주식은 오르고 내리고를 반복하기 때문에 등락을 이용해서 분할매수를 해야 한다. 원하는 수량을 못 사고 올라간다면 다른 종목을 살 기회를 찾으면 된다. 올라간다고 마구 따라가는 경우 십중팔구 사는 날부터 손해를 보게 된다.

거래량이 터지고 있을 때는 반드시 체결강도를 확인해야 한다. 매수 체결강도가 크다면 따라 살 수 있지만 매도 체결강도가 강하다면 팔아먹는 세력이 존재한다는 것이기 때문에 꼭 사야 할 종목이라도 한 템포 늦추는 게 현명하다. 기술적인 저항선에 번번히 걸리는 모습을 보일 경우는 그 저항선을 안정적으로 뚫고 올라가는 모습을 확인하고 사는 것이 좋다. 설사 그것이 돈을 더 주고 사게 되는 상황이 되더라도 분명한 근거를 확인해야 손해볼 가능성을 피할 수 있기 때문이다. 주식을 살까 말까 망설여지는 시점에서는 현금을 보유하는 것이 옳다. 주식시장에 발을 들여놨다면 계좌에 보유하고 있는 현금은 현금이 아니라 '현금이라는 주식'으로 생각하자.

〈차트 4-1-1〉의 현대해상의 경우를 보면 2008년 2월 이후 최근까지 일정한 박스권을 벗어나지 못하는 모습을 보이고 있다. 따라서 기술적인 매매는 이러한 박스권을 염두에 두고 할 수 있지만 안정적인 수익을 위해 계좌에 편입하는 것을 목표로 본다면 공략할 시점을 정할 때 중요하게 확인할 것이 있다. 1번과 2번은 장기이동평균선인

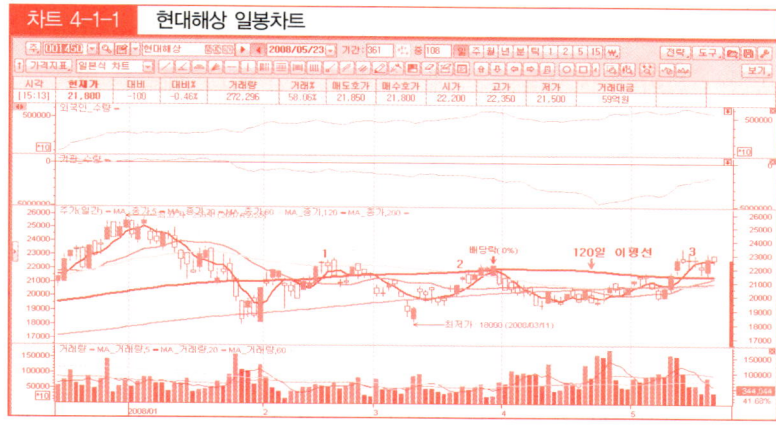

차트 4-1-1 현대해상 일봉차트

120일선을 안정적인 저점으로 확보하지 못하고 있어 지지력이 부족한 모습이다. 따라서 부족한 결집력으로 인해 곧 다시 되밀리는 모습을 보이고 있다. 물론 지지선이 강하다고 해서 바로 상승 폭이 커진다고는 할 수 없지만, 시장은 심리싸움이고 추세는 그 심리가 결정하기 때문에 지지력을 확보한다는 것은 확률상 분명히 중요하다. 이 관점에서 보면 동 종목의 3번에서 나타나고 있는 횡보는 중요한 의미를 갖는다고 할 수 있다.

거래량이 감소하면서도 1번과 2번의 매물대를 부담으로 느끼지 않는 점과 120일 이동평균선을 확실하게 지지선으로 확보하는 모습은 기관의 매수가 주효하게 작용되고 있음을 알 수 있다. 하지만 좀더 중요한 것은 장중 변동 폭을 보이고 있어 분할매수로 대응할 수 있다는 점이다. 매도는 물론 매수도 때가 중요하다. 때라는 것은 수급 주체의 연속성을 의미하고, 수급 주체의 연속성이란 반드시 같은 매수 주체가 매일 매수하는 것을 의미하지는 않는다. 외국인이 매수하던 종목을 기관이 매수하는 경우나 기관이 매수하던 종목을 외국인이 매수하는 경우라도 의미는 이어질 수 있다는 점을 알아야 한다.

동 종목은 당분간 횡보를 보이면서 재료가 부각되는 시점에서 매도시점이 노출될 수 있다. 따라서 지금은 분할매수를 고려할 시기로 유효하다고 봐야 한다. 시간을 투자할 수 있다면 이렇듯 수급이 기술적인 지지력을 뒷받침할 수 있는 종목을 주목하되 매수는 급하게 하지 말자.

매도하는 기술

파는 것은 언제나 그렇듯 최고점에 팔 수는 없다. 그런데도 고가에서만 팔겠다고 마냥 기다린다면 "주가가 내려가도 다시 올라오겠지" 하고 기다리다가 낭패를 보게 된다. 흔히 '매수는 무릎에서 하고 매도는 어깨에서 하라' 는 말이 있듯이 매도는 고점을 확인하고 매수는 바닥을 확인하고 하는 것이 중요하다. 따라서 매도는 고점을 찍고 내리는 모습을 보인다면, 그리고 매도 체결강도가 커지는 모습을 보인다면, 다시 올라갈 때를 기다릴 것이 아니라 과감하게 파는 것이 좋다.

　매수도 마찬가지지만 매도 역시 결정하기까지는 신중해야 한다. 하지만 일단 확실하게 결정을 했다면 과감하게 행동해야 한다. 왜냐하면 머뭇거리는 순간 다른 투자자들이 내 기회를 뺏어갈 수 있기 때문이다.

　한전kps를 보면 단기상승 폭이 크다는 이유로 머뭇거린 결과 고점 매도가 어려워질 수 있음을 알 수 있다. 동 종목은 2008년 5월 15일 시초가 이후 강한 상승세가 지속되면서 장 마감 직전까지 상한가

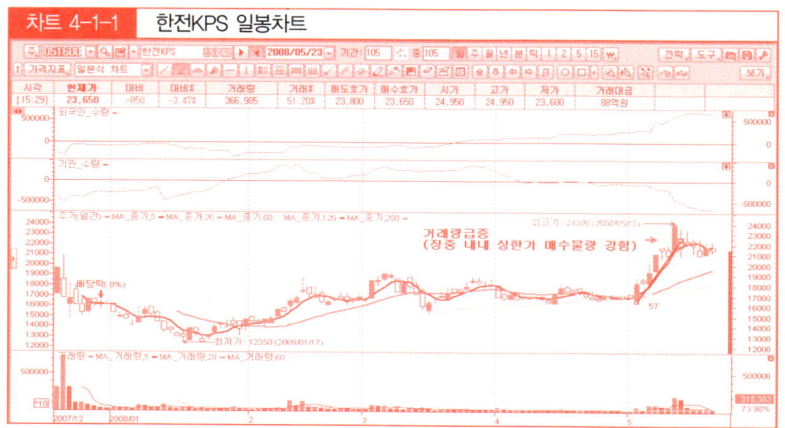

차트 4-1-1　　한전KPS 일봉차트

를 유지하는 모습을 보였다. 장중 내내 상한가 잔량이 몇십만 주는 족히 넘게 유입되는 모습을 보였지만, 그것이 최적의 매도 기회를 줬고 종가에는 상한가가 풀리면서 마감됐다.

본서에서 제시한 '원칙적으로 상하가에 당일 거래량이 25% 이상 거래된다면 팔아야 한다' 라는 원칙과 60°에 가까운 단기급등을 경계했다면 충분히 팔 기회는 있었다. 하지만 "하루만 더 올라가면 팔아야지"라고 생각했거나 오히려 단기매매를 위해 덜컥 상한가에 매수를 했다면 속이 상할 수밖에 없는 상황이 연출됐음을 알 수 있다. 아마도 재차 상승을 시도하고 다시 고점을 넘어서기까지는 신고가 당일을 전후한 거래량으로 봤을 때 상당한 시간이 필요할 것이다. 따라서 곧바로 재매수를 하는 것도 경계해야 한다. 물론 수급선이 유지된 채로 강한 상승을 보였던 종목이라 수급선이 깨지지 않는다면 수급선(60일 이동평균선)에서는 재매수를 고려할 수 있을 것이다.

이것저것 헷갈린다면 상승하는 종목이 거래량을 수반한다면 매물을 받고 더 간다고 생각하지 말고, 물량이 출회되는 만큼 우선 팔아서 수익을 챙긴다고 생각해라. 이것만 해도 좋은 전략이 될 수 있다. 또한 매도 이후에 주가가 떨어지더라도 그 즉시 재매수하는 것은 피해야 한다. 물론 거래량의 변동성을 보고 단기매매를 하는 투자자라면 당연히 팔고 난 후에 더 싼 가격에는 사야겠지만 그렇지 않은 투자자라면 한번 판 주식은 당일 재매수하지 말아야 기회를 얻을 수 있다.

주식투자를 잘하려면 V

1. 주식을 사고팔 때 머뭇거리게 되면 살 시점도 그리고 팔 시점도 놓치게 된다.
2. 주식투자는 냉정해야 한다. 투자원칙이 없으면 시장을 냉정하게 보지 못한다.

Chapter 2

손실을 관리하는 것도 기술이다

초보 투자자일수록 손해보고는 절대로 팔지 않겠다는 투자자가
많다. 당연하다. 돈 벌기 위해 주식투자를 하는데 손해보고 판다는
것은 애당초 주식투자를 하는 이유와도 맞지 않기 때문이다.

주식을 1년 이상, 많게는 4, 5년간 보유하고 있다는 투자자들을
상담하다 보면 진짜 목적을 가지고 장기투자하는 경우보다는 "내가
산 가격이 얼만데 이 가격에 어떻게 팔아?" 라는 이유로 속절없이 들
고 있는 경우, 즉 어쩌지도 못한 채 장기투자하는 경우가 훨씬 많다.
매수한 가격에서 절반 가까이 떨어진 경우는 흔하고 60% 이상 떨어
진 경우도 적지 않다. 그래도 배당이라도 매년 꼬박꼬박 주는 견실

한 기업이라면 속상하더라도 정 안 되면 자식한테 물려준다는 생각으로 기다릴 수 있을 것이다. 그런데 보통 어쩔 수 없이 장기보유한 종목은 기업의 가치가 대단히 좋은 경우가 별로 없다는 데 문제가 있다.

손실을 보고 파는 걸 원하는 투자자는 절대 없다. 하지만 여기서 중요한 것은 다른 종목을 사지도 못하고 하락하는 종목을 마냥 들고 있어서 생기는 기회비용을 생각해야 한다는 것이다. 기회를 놓치면 손해도 2배로 보게 되기 때문이다.

주식시장에서 퇴출되는 종목을 보면 대부분 일반투자자들이 어쩔 수 없이 보유한 물량이 대부분이다. 기다리면 제값을 찾아가는 것이 아니다. 주식은 위험자산으로 분류되고 따라서 경제가 불안하고 유동성이 부족해지면 하락하기 마련이다. 그런데 하락하는 모든 종목이 같은 비율로 떨어졌다고 해도, 돌아서는 종목은 분명 제한된 몇 개 종목에 그치고 우량종목에 한정되는 것이 보통이다. 따라서 "언젠가는 올라가서 내가 산 가격은 되겠지"라고 생각을 하고 있다면 주식투자를 할 자격이 없다.

주식투자는 손실을 잘 관리하는 것만으로도 50% 이상은 다른 투자자를 앞질러 갈 수 있다. 손실 관리에서 가장 중요한 것은 손절매

시점을 정하고 그 시점을 정확하게 지키는 것이다. 손실 관리에 있어서 이 이상의 전략은 없다. 그렇다면 손실이 아니라 수익이 생긴 경우는 어떻게 해야 할까?

보통 투자자들은 수익이 생기면 투자금액이 늘어나 것 외에는 큰 의미를 두지 않는다. 따라서 또 다른 종목을 매수할 때 수익이 난 부분까지 몽땅 투자를 하게 된다. 그런데 주식시장은 언제라도 손실을 볼 수 있는 곳이기 때문에 첫 번째 종목에서 얻은 수익률만큼 손실률이 발생한다면 처음의 투자원금도 건지지 못하게 된다는 것을 명심해야 한다.

예를 들면, 1,000만 원을 투자했는데 종목을 잘못 선정해서 50%의 손실이 발생된 것을 매도했다면 계좌에 남는 돈은 500만 원이 된다. 그런데 이 500만 원으로 처음 투자한 1,000만 원을 만들기 위해서는 100%의 수익을 내야만 한다. 반대로 먼저 수익이 생긴 경우를 생각해보자. 1,000만 원을 투자해서 50%의 수익을 챙겨 계좌에 1,500만 원이 있다고 했을 때, 같은 비율로 손해를 본다면 750만 원만 남게 된다. 결국 투자원금도 건지지 못한 상황이다. 따라서 안정적이고 분명한 투자전략은 수익이 발생한 부분은 별도로 관리를 해야 하는 것이다. 이것은 손실을 잘 관리하는 것보다 더 중요하다.

필자가 주장하는 바는 투자로 생긴 수익을 바로 출금해서 별도 계좌에 관리하자는 것이다. 그래야 수익을 내 돈으로 만들 수 있다. 별도로 만든 계좌는 주식보다 상대적으로 안정적인 자산에 투자한다면 최적이 될 것이다. 평가이익이 내 돈이 아니듯 증권계좌에 들어 있는 돈도 역시 내 돈이 아니다. 또 주식을 살 테고 그렇다면 항상 손해볼 수 있는 위험한 상황에 놓이기 때문이다.

이런 전략은 말이 쉽지 결단을 내리기가 쉽지 않다. 하지만 이 방법을 통하지 않는 투자자들은 결코 주식투자로 성공할 수 없다. 아마도 어리석은 투자로 손해를 본 투자자는 투자원금과 투자수익을 구분하지 못했을 것이다. 끝까지 들고 있다고 해결되는 것은 아무것도 없다. 때로는 과감하게 미련 없이 팔아야 한다.

Chapter 3

매수에서 중요한 것은 누군가 매도를 하는 투자자가 있다는
것이다. 그 매도가 주식을 보유하고 있지 않은 매도인지를
확인해야 한다.

매매시점에서 반드시 체크할 사항

앞에서 모든 주식은 수급을 확인하는 것이 제일 중요하다고 하였
다. 그러면 매매시점에서 투자자들이 어디에서 무엇을 확인하고 판
단해야 하는지를 정리해보자.

우선 중요한 것은 매수세의 연속성인데, 이것은 증권사HTS를 통
해서 외국인이 매수를 했는지 매도를 했는지, 아니면 기관이 매수나
매도를 했는지를 확인할 수 있다. 물론 이들이 계속 산다는 것을 근
거로 따라 사는 것이 전략이 되어서는 안 된다. 수급 주체의 매수 또
는 매도 여부는 기본이기 때문에 우선 체크하자는 것뿐이다. 통상적
으로 보면 외국인이 매수를 지속하는 경우 올라갈 확률이 많은 것은

사실이다. 외국인이 매수하는 경우 기관까지 매수에 가담하는 소위 쌍끌이가 나타난다면 매수 가능한 종목으로 점수를 줄 수 있다.

여기서 일반투자자들이 간과해서는 안 되는 것이 외국인이 매수를 하든지 기관들이 매수를 하든지 이는 누군가 매도를 하는 투자자가 있기 때문에 매매가 이루어진다는 것이다. 그 매도가 주식을 보유하고 있지 않은 매도인지를 확인해야 한다. 증권예탁원에서 대차거래 수량을 확인하는 것이 중요하다.

하이닉스에 대해서 2007년 8월 실적이 좋고 M&A건을 언급하는 리포트들이 줄을 이었지만, 주가는 기다렸다는 듯이 하락했고 하락은 3개월 이상 지속됐다. 그 당시 고점에서 대차매도가 증가하고 있었고, 2008년 초 조선주들의 급락에도 외국인들의 대차거래 증가가 숨어 있었음을 기억해야 한다. 실제로 2007년 11월 초부터 한 달간 대차거래를 통한 현대미포조선의 거래수량을 보면 1,300,000여만 주가 신규로 대차매도됐음을 알 수 있다. 고가에서 많이 떨어졌다고 매수한 일반투자자나 "다시 올라가겠지" 하고 기다린 투자자들은 속상할 수밖에 없는 상황이었다. 따라서 수급을 확인하는 것에는 신용매수물량, 대차거래물량, 외국인 및 기관 매매동향이 반드시 포함되어야 한다.

또한 거래량은 단순히 증가 또는 감소하는 것을 체크할 것이 아니라 동시호가 이후 움직임과 장중 움직임을 구분하는 평가가 필요하다. 여기서 '거래량의 가중치'라는 의미를 되새겨봐야 하는데, 거래량의 가중치란 특정 시간대의 거래량을 보고 주가를 판단하는 것이다. 특히 동시호가 이후 30분과 마감동시호가 직전 30분의 거래량을 체크해서 매수세가 적극성을 보인다면 긍정적인 평가를, 반대로 동시간대보다는 장중매매에 매수 주체의 매매가 많다면 신중함이 필요하다는 생각을 해야 한다. 즉, 09:00~09:30, 14:30~15:00까지의 거래량을 별도로 체크하는 것이 중요하다. 특히 시초가 이후 30분보다는 종가 직전 30분의 거래를 주목해야 한다. 아래 30분봉은 종가

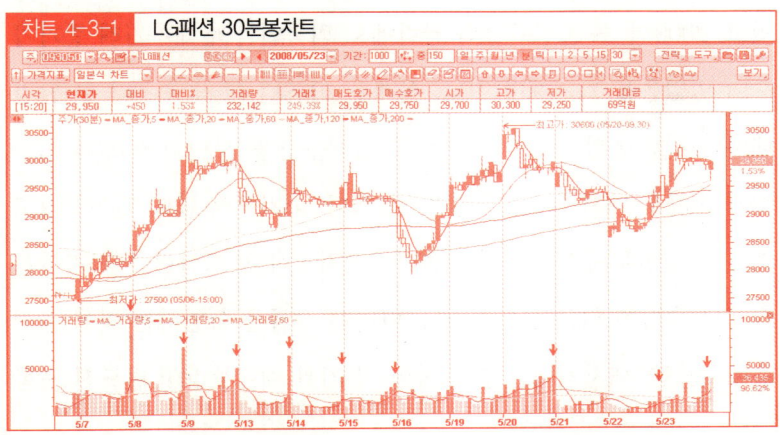

차트 4-3-1   LG패션 30분봉차트

권에 거래가 큰 폭으로 증가하고 있는 것을 볼 수 있는데, 일봉을 보면 추세가 지속되고 있는 모습을 확인할 수 있다. 동 종목은 수급 주체의 연속성도 대단히 강한 모습이다.

LG패션 외국인 매수현황

날짜	시가	고가	저가	종가	대비		등락율	거래량	외인보유	외인비중	외인대비
05/23	29,700	30,300	29,250	29,950	▲	450	1.53%	232,142	4,906,242	16.78%	92,533
05/22	28,600	29,500	28,600	29,500	▲	250	0.85%	93,084	4,813,709	16.46%	-21,910
05/21	29,500	29,950	29,200	29,250	▼	700	-2.34%	134,603	4,835,619	16.54%	57,495
05/20	30,000	30,600	29,650	29,950	▲	200	0.67%	384,650	4,778,124	16.34%	90,850
05/19	29,000	30,050	29,000	29,750	▲	750	2.59%	224,680	4,687,274	16.03%	144,529
05/16	29,050	29,200	27,950	29,000	▼	50	-0.17%	206,671	4,542,745	15.54%	24,170
05/15	29,600	29,950	29,050	29,050	▼	450	-1.53%	195,588	4,518,575	15.45%	76,940
05/14	30,000	30,000	29,150	29,500	▼	500	-1.67%	131,313	4,441,635	15.19%	-3,930
05/13	29,800	30,000	28,750	30,000	▼	200	-0.66%	199,203	4,445,565	15.20%	-3,160
05/09	30,150	30,300	29,650	30,200	▲	200	0.67%	328,674	4,448,725	15.21%	161,284
05/08	28,400	30,000	28,300	30,000	▲	1,700	6.01%	289,249	4,287,441	14.66%	115,024
05/07	28,100	28,500	27,650	28,300	▲	400	1.43%	398,130	4,172,417	14.27%	45,082
05/06	27,350	28,500	27,350	27,900	▼	400	-1.41%	175,223	4,127,335	14.12%	10,070
05/02	29,350	29,700	24,800	28,300	▼	850	-2.92%	491,712	4,117,265	14.08%	33,370

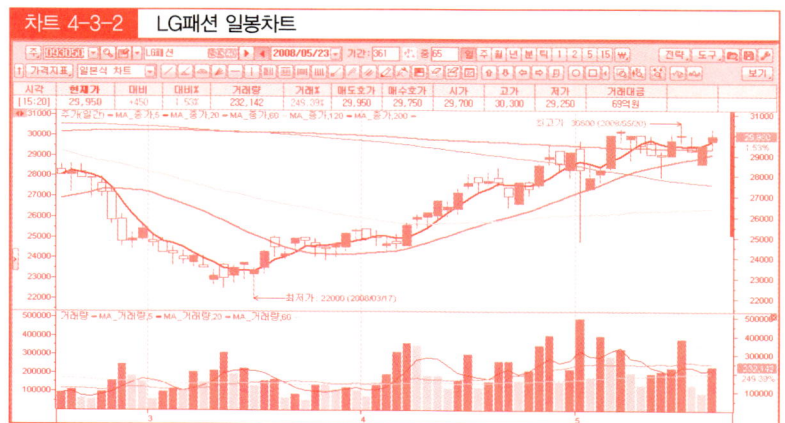

차트 4-3-2   LG패션 일봉차트

가능하다면 그 시간대의 거래량과 가격을 가지고 별도의 차트를 만들면 수급을 확인하는 좋은 자료가 될 수 있다. 장중매매보다 투자자들의 심리를 더 정확히 대변하기 때문이다. 디지털이 편하고 좋지만 아날로그가 좋은 점도 분명히 있다. HTS를 보고 쉽게 분석하는 것도 좋지만, 손으로 직접 그려보는 것이 투자 포인트를 정확히 잡는 데 분명한 근거가 된다. 물론 단순히 손으로 그리는 게 중요하다는 것이 아니다. 기관과 외국인이 종가를 관리하는 종목은 상승의 추세가 크고 안정적이기 때문이다. 그것을 포착하기 위한 좋은 방법이라는 의미다.

Q : 경제신문이나 증권사 추천종목을 매수해도 수익이 나질 않습니다. 매수할 종목을 선정하는 방법을 알려주세요.

A : 여러 차례 언급하지만 주식투자는 태생적으로 위험을 안고 시작하는 것이다. 따라서 어떤 종목을 매수하더라도 손해를 볼 가능성이 크다는 것을 알아야 한다. 개인투자자들이 이런 태생적인 위험을 피할 수 있는 것은 시간투자밖에 없다. 그렇다면 종목선정에 있어서 가이드라인은 시간투자를 할 수 있는 종목으로 한정해야 하다고 보면 틀림이 없을 것이다. 주식을 사놓고 저녁마다 불안해한다면 그 종목이 계좌에 수익을 줄 가능성은 없다. 반대로 매수를 하고 나서 주가가 밀리더라도 속은 상하지만 기다리면 올라갈 것이라는 믿음을 주는 종목이라면 그 종목이 계좌를 살찌울 가능성은 분명 증가할 것이다.

주식시장은 매번 상황이 바뀌기 때문에 어떤 종목이 좋고 어떤 종목이 나쁘다는 식의 이분법적인 접근은 결코 바람직하지 않다. 하지만 최소한 시간을 투자할 수 있어야 한다는 기본요건은 충족해야 한다.

173

그리고 신문에 나왔거나 증권사에서 추천종목으로 제시한다고 해서 덥석 매수하지 말고 수급의 연속성이 있는지를 살펴보자. 수급의 연속성이란 주가가 상승할 수 있는 매수세가 존재한다는 것을 의미하고, 기관이나 외국인의 매수가 눈에 띄게 지속성을 보인다면 그 연속성은 수급 기반의 강화를 의미한다.

기본적인 분석에서는 기업의 가치를 의미하는 PBR과 기업의 수익성을 가늠할 수 있는 EPS를 반드시 체크해야 한다. PBR이 낮고 EPS가 증가하는 기업의 주가가 올라가는 것이 주식시장이고, 이러한 생리는 주식시장의 본질이기 때문이다. 특히 PBR은 시장 평균 이하를 보이면서 큰 변화가 없더라도 EPS는 최소한 3년 정도 지속적으로 증가하는 기업을 공략하는 것이 좋다. 쉽게 말하면 꾸준하게 돈을 버는 기업을 선택하라는 것이다.

그리고 노파심에 한마디 더 하면, 보통 주식투자 초보자가 범하기 쉬운 실수가 추천종목에 대한 맹신이다. 추천종목에 쓸데없이 프리미엄을 주지 말자.

부록

개인투자자들이 빠지기 쉬운 주식투자의 함정

1. 손해를 보고 어떻게 팔아?

주식투자는 늘 위험이 따라다니는 것이기 때문에 언제나 손실을 볼 가능성이 있다. 그런데 문제는 늘 따라다니는 위험보다는 손실이 아주 적고 충분히 감내할 수 있는 상황을 간과하면서 시작된다. 설마 하는 생각으로 어리석게 손절매를 하지 않고 손실이 커지는 시초를 간과하는 것이다.

영 부실한 종목이어서 순간 급락하는 경우가 아니라면, 대부분의 경우 손해를 조금 보고 빠져나올 수 있다. 그러나 대부분의 투자자들은 눈앞에 나타난 작은 손실을 아까워한다. 손실을 보고 싶지 않아서 오르기를 바라게 되고 기다리게 되고, 그러다 보면 손실은 어느새 눈덩이처럼 불어나 도저히 팔 수 없는 지경에까지 이르게 된다. 투자자들이 저지르는 실수 가운데 가장 많은 경우일 것이다.

이런 실수를 저지르는 사람들은 상당수가 초보자이며, 주식이 매우 투기적이고 엄청난 위험을 안고 있다는 사실을 간과한다. 다시 오를 거라는 기대감을 가질 것이 아니라 손실은 항상 짧게 끝내야만 한다. 그래야 다시 기회를 잡을 수 있다.

세계적인 투자의 귀재들이 한결같이 언급하는 투자의 원칙은 손절 라인을 설정하고 반드시 지키라는 것이다. "손해를 보고 어떻게 팔아?"라고 생각한다면 당신은 주식투자로 성공할 수 없다. 냉혹한 주식시장에서 성공투자를 하려면 일단 주식시장에 살아남아야 한다. 차트가 중요한 것이 아니고 기업의 실적을 꿰고 있는 것이 중요한 것이 아니다. 기회를 노리기 위해서는 아니다 싶은 종목은 반드시 손절매를 하자.

2. 평균 매수단가를 낮추기 위해 물타기 한다?

평균 매수단가를 낮추기 위해 물을 타는 것이 현명하다고 생각한다면, 이 역시 스스로 함정에 빠지는 길로 들어서는 것이다. 주가가 하락하게 되면 수량이 많은 투자자일수록 손실 규모는 커지게 된다. 나름대로 투자원칙을 지킨다고 분할매수를 하는 경우가 많은데, 분할매수를 매수단가 하락으로 이해하고 있다면 문제다. 왜냐하면 주가가 떨어질 때마다 매수를 하기 때문이다. 떨어지는 주식은 분명 이유가 있다. 그런데 떨어질 때마다 산다면 사는 수량이 모두 손실을 줄 것은 뻔하지 않겠는가?

소위 '물타기'는 주가가 하락을 마무리하고 양선의 일봉을 만들면서 올라서는 시점에서 상승의 추세를 노리고 하는 것이다. 그저 단가를 낮춘다는 의미로는 절대 수량을 늘려서는 안 된다.

3. 주식시장은 대박을 주는 곳?

주식시장을 그저 대박을 주는 곳으로 이해하고 있거나 단기간에 많은 돈을 벌 기회를 준다고 생각한다면 이 역시 헤어날 수 없는 함정에 빠지는 것이다. 명확한 원칙도 없고 방법도 배우지 않고 기본적인 분석은 물론 기술적인 흐름도 익히지 않고서, 무작정 소위 '작전종목'을 잘 골라서 단기간에 아주 많은 돈을 벌고자 한다면 십중팔구 속절없이 주식시장을 떠나게 될 것이다.

주식투자를 마약과 같다고 말하는 사람들이 있다. 이는 돈을 벌었더라도 웬만해서는 스스로 주식시장을 떠날 수 없다는 것을 의미

한다. 그런데 주식시장을 속절없이 떠나야 한다는 것은 투자원금을
다 까먹었다는 것을 뜻한다. 짧은 시간에 대박을 기대한다면 누구도
예외 없이 주식시장을 떠나게 될 것이다.

4. 싼 맛에 산다?

같은 돈으로 주식을 많이 산다는 것은 저가주를 산다는 것을 의
미한다. 많은 사람들, 특히 초보 투자자들은 주식을 살 때 100주나
1,000주 단위로 많이 매수해야 더 좋은 것처럼 생각한다. 이렇게 하
면 같은 돈으로도 더 많은 주식을 갖고 있는 것처럼 느끼게 된다. 마
치 금방이라도 수익이 급증할 것 같은 착각을 불러일으키기 쉽다.
하지만 실제로는 30주나 50주라 하더라도 고가에 거래되는 명확한
근거와 기업의 가치가 증가하는 종목을 매수하는 것이 훨씬 현명하
다는 것을 알아야 한다.

주식투자를 할 때는 내가 투자한 종자돈이 얼마인가를 생각해야
한다. 종자돈을 늘리는 것이 중요하지 주식을 몇 주를 샀는가가 중요
한 것이 아니다. 주가가 싼 주식은 분명히 이유가 있다. 액면가가
5,000원인데 2,000원에 거래되고 있다든지, 액면가가 500원인데 300

원에 거래되고 있다면 그 기업의 주당 가치가 그 수준이라는 것을 의미한다. 그런데 싸고 그래서 많이 살 수 있다는 생각만으로 주식을 산다면 어떻게 될까? 그 기업의 가치 이상으로 주가가 올라가야 수익을 챙길 수 있는데, 주식시장이 그리 만만한 곳이 아니기 때문에 이런 투자로 계좌를 살찌우게 할 수는 없다. 주가를 사는 것이 아니고 기업을, 그리고 때를 사야 한다는 것이 여기서 필요한 것이다.

혹자는 이런 말을 한다.

"예전에 A주식이 5,000원도 안 갔는데 지금 40,000원이다. 그때 샀다면 무려 8배의 수익이 났다. 지금 이 종목도 그만큼의 가치가 있다. 주가도 싸기 때문에 사놓고 그냥 묻어두면 나중에 진짜 그만큼 수익이 난다."

싼 맛에 사는 것이 주식일까? 사놓고 그냥 묻어둘 종목을 찾으려면 오히려 주가와는 무관하게 성장성이 있는 종목을 사는 편이 낫다. 주가가 싼 것은 그 기업의 가치가 그 가격대이기 때문이다. 수량을 많이 사는 것이 결코 도움이 되지 않는다는 것을 알지 못한다면, 주식투자로 계좌가 살찌기를 바라지 말아야 한다.

쉬운 실전 매매기법

주식시장에는 소위 '투자기법'이라는 것이 일일이 수를 헤아리기도 어려울 정도로 많다. 기법이라는 것을 다 알기도 힘들지만, 다 안다고 해도 실전에 적용하는 것 역시 만만치 않은 것이 주식투자다. 모든 투자자들의 목적은 수익 창출이다. 따라서 상승의 탄력을 확인하고 그 흐름에 동참할 수 있다면 이보다 더 훌륭한 투자전략은 없을 것이다. 본서를 통해서 모든 투자전략을 언급할 수는 없겠지만 개인투자자들이 시장에서 쉽게 적용할 수 있는 전략을 몇 가지 소개하겠다.

1. 중심값으로 매매시점을 결정한다

주가는 상승하기 위한 요건이 충족되면 그 강도가 점진적으로 강해지게 된다. 그 흐름에 올라타는 매매전략을 수립하자.

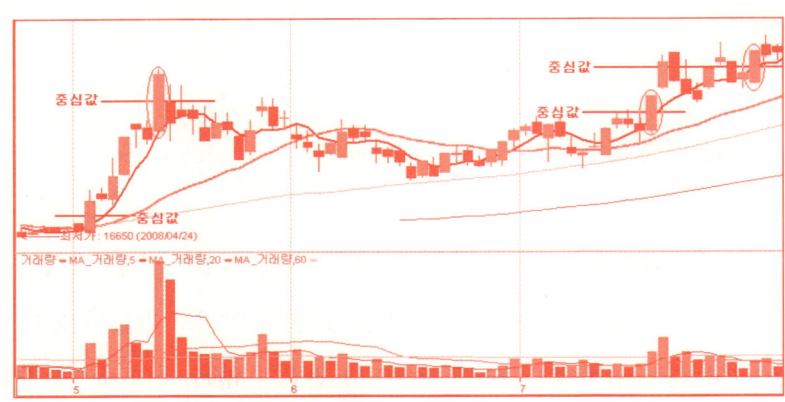

중심값으로 매매시점을 결정하자.

　위 종목은 한전kps의 최근 주가흐름이다. 4개의 중심값(긴장대양선으로 특정일을 포함하여 앞뒤로 이틀씩 모두 5일간의 캔들 중 가장 긴 양선에 거래량이 증가한 경우 그 양선의 중심을 의미함)을 설정했는데, 그 중심값이 깨지지 않는 경우(긴장대양선이 발생한 날 뒤로 그 중심값 밑으로 주가가 형성되지 않는 경우) 주가는 지속적인 상승을 하는 경우가 많다는 것이다. 물론 반대의 경우는 주가상승이 최소한 단기적으로는 여의치 않을 수 있기 때문에 매수는 늦추고 오히려 단기매도를 고려하는 것이 최선의 전략이 된다.

　두 번째 중심값은 다음 날 주가가 중심값 아래로 형성됐기 때문에 따라 샀다면 손절매를 했어야 하고 매수를 고려했다면 늦추는 것이 필요한 시점이었다. 반면 세 번째와 네 번째 중심값은 상승의 기반이 유지될 수 있는 모습을 나타내고 있어, 매수를 고려하고 있었다면 따라 살 시점이고 보유를 하고 있다면 매도를 늦추는 것이 필요한 시점이다.

'중심값' 이라는 것은 이런저런 요건이 필요한 것이 아니고 그저 캔들을 보고 누구나 설정할 수 있는 것이기 때문에 초보자라도 쉽게 실전에 적용할 수 있다. 다만 모든 경우에 그렇듯이 본질가치인 기업의 기본적인 분석이 전제조건이라는 것은 잊지 말아야 한다.

2. 매도 · 매수시점 결정하기

1) 차트로 매도시점을 파악하라

이격이 안정적이라는 것은 국도에서 고속도로로 들어서는 것과 같다고 볼 수 있다. 최근 5일 동안 매수한 투자자나 10일, 그리고 20일, 60일 동안 매수한 투자자들의 평균 매수단가가 꾸준히 올라간다는 것은 분명 매수세가 적극적이고 공격적이라는 것을 의미한다. 그런데 중요한 것이 이 시점을 어떻게 활용하는가에 따라서 수익률이 대단히 크게 차이가 난다는 점이다. 사고 팔고를 부지런히 한 투자자와 단 한 번 사고 단 한 번 판 투자자를 비교했을 때, 매매를 딱 한번한 투자자가 수익을 더 챙긴다면 그 이유는 전략을 잘 세웠기 때문이다. 최적의 매도시점은 반드시 최고가에 파는 것을 의미하지는 않는다. 기회비용 측면을 떠나서 매도를 꼭대기에서 하려고 기를 쓰면 안정적인 매매를 할 수 없기 때문이다.

지금부터 정배열로 안정적인 상승을 시도하는 종목의 매도시점을 포착하는 전략을 살펴보자.

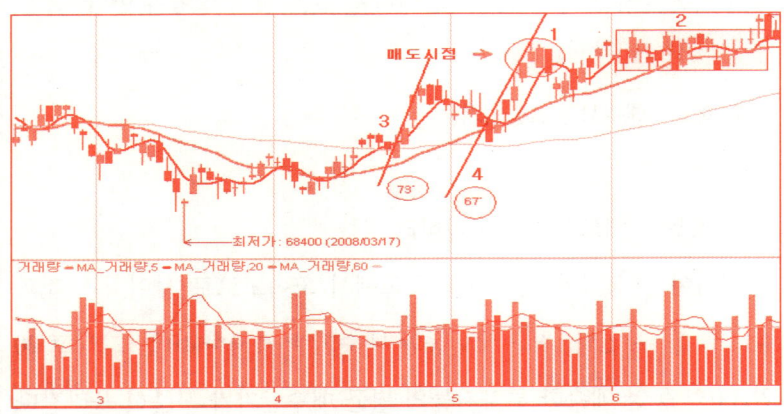

급한 각도를 보이는 시점이 차익실현 시점이다.

5일선부터 수급선인 60일선이 정배열 상태를 보이고 있지만, 동 종목은 모두 두 차례 매도시점을 잡아야 하는 종목이다. 우선 3번과 4번 상승의 각도가 70° 정도 된다는 점에 주목하자. 주가는 상승을 하더라도 단기간에 가파른 모습을 보이면 상승에 따른 피로도가 커 지게 되어 있다. 따라서 70° 각도로 올라가는 주가는 긴장대양선이 나오는 날이나 그 다음날이 최적의 매도시점이 된다.

또 한 가지 체크 포인트는 상승하는 종목은 5일선의 진폭이 짧아 지게 되면 매도시점에 다가서고 있음을 의미한다. 따라서 차트에서 2번 구간은 매도를 할 구간으로 이해하고 있어야 한다. 저점에서 사 고 정확히 고점에서 판다면 그야말로 금상첨화겠지만, 후행지표인 차트를 보고 여기서 사고 여기서 팔고 하는 식의 차트설명은 의미도 없고 귀담아들을 필요도 없다.

빈번하게 매매할 생각을 하지 말고 정확하게 단 한 번 매도할 생 각으로 주식투자를 해야 한다. 그러기 위해서는 투자자들의 심리가 녹아 있는, 그래서 학습효과로 설명될 수 있는 정형적(?)인 차트를 눈에 익히는 것도 중요하다. 반대로 매도를 해야 함에도 혹시나 하 는 생각을 갖게 되는 경우가 있다. 지금 이 시간 이후에는 매도에는 냉정한 마음이 필요하고, 그 시점은 투자심리가 반영된 기술적인 차트에서도 잡을 수 있다는 것을 명심하고 기억해두자.

　아래 차트는 1번과 2번에서 매도가 필요하다는 신호를 보내주고 있다. 이 신호를 간과했다면 현재 시점에서는 낭패를 볼 수밖에 없을 것이다. 왜 1번과 2번이 매도를 해야 하는 시점인지 살펴보자.

　1번은 5일선이 20일선을 밑으로 깨고 내려가는 소위 '데드크로스'가 발생하면서 주가의 흐름은 장중 변동성이 큰 모습을 나타나고 있다. 이는 하락을 우려하는 신호로 봐야 한다. 2번 역시 매도 신호로 1번에서 매도하지 못한 투자자들에게 다시 매도할 시점임을 알려주고 있는데, 5일선이 수급선을 역시 데드크로스하는 과정에서 주가는 장중 변동성이 큰 모습을 보이고 있기 때문이다.

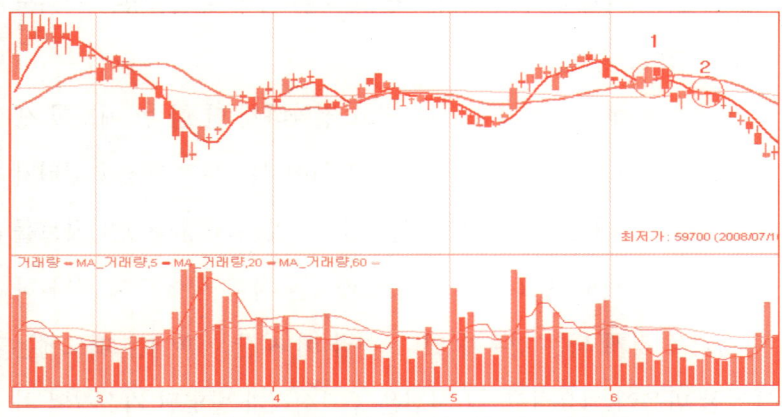

데드크로스 시점에서 커지는 변동성은 매도시점이다.

어떤 경우라도 하락 추세를 보이는 과정에서 장중 변동성이 커진다면, 특히 음선의 변동 폭이 커진다면 매도 가능성을 적극적으로 고려해야 하는 시점임을 기억하자. 손절매를 해야 하는 상황이라면 손절매도 과감하게 실행해야 한다. 머뭇거리면 머뭇거릴수록 계좌의 평가손이 커지게 되기 때문이다

또 다른 경우를 살펴보자. 주식투자는 매도가 중요하기 때문에 눈에 익을 수 있도록 몇 종목의 차트를 살펴보자.

아래 종목은 전저점이라고 매수를 했다면 큰 손해를 볼 수 있는 상황이다. 1,800여 개의 종목을 모두 보여주고 설명을 할 수는 없지만, 우량주건 대형주건 수익을 챙기느냐 손해를 보느냐는 전적으로 매도에 달려 있다.

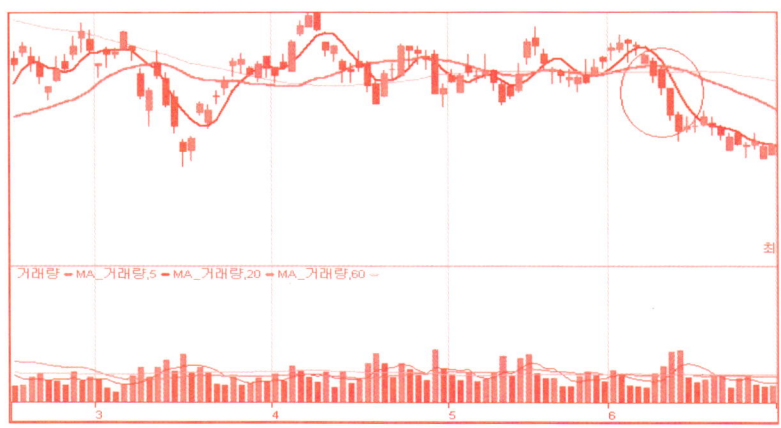

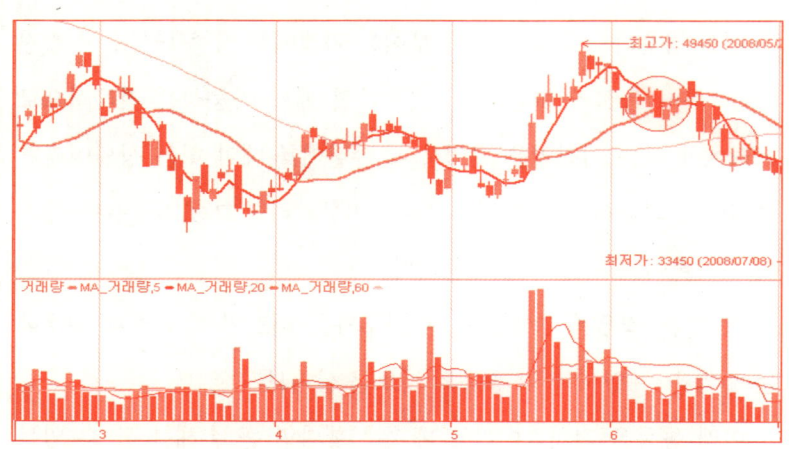

최고가 : 49450 (2008/05/)

최저가 : 33450 (2008/07/08)

거래량 ━ MA_거래량,5 ━ MA_거래량,20 ━ MA_거래량,60 ━

2) 차트로 매수시점을 파악하라

그렇다면 사는 시점은 어떻게 알 수 있을까? 많은 투자자들이 주가가 상승하는 모습을 보이면 흥분부터 하게 된다. 하지만 그동안 매매했던 것을 곰곰이 생각해보면 흥분해서 따라 산 종목치고 수익을 준 종목이 별로 없었음을 알 수 있을 것이다. 수익을 챙기더라도 낮간지러운 정도에 그치지 않았나. 무엇 때문에 그렇게 서둘렀는지 무안할 정도다.

아주 당연한 이야기지만 매수는 가장 싼 가격에 해야 한다. 누가 이걸 모를까? 그런데 문제는 바닥, 즉 주가가 가장 싼 시기를 시간이 지난 뒤에 후행지표를 통해서야 알 수 있다는 것이다. 하지만 이 역시 학습효과로 저점에 대한 가능성을 파악할 수는 있다. 지금부터 그 가능성을 알아보자.

우리가 흔히 얘기하는 바닥에서 거래량이 증가하는 것도 근거는 될 수 있다. 하지만 좀더 중요한 것은 바닥에 있는 투자심리를 어떻게 읽느냐 하는 것이다. 시장은 매수와 매도가 항상 존재한다. 따라서 매수와 매도가 이견을 보이지 않는다면 바닥의 가능성을 적극적으로 고려해도 좋겠다. 이견을 보이지 않는다는 것은 장중 변동성이 크지 않다는 것이고, 캔들의 모양을 볼 때 몸통도 작고 윗꼬리나 아랫꼬리도 작다는 것을 의미한다. 종목을 예로 들어보자.

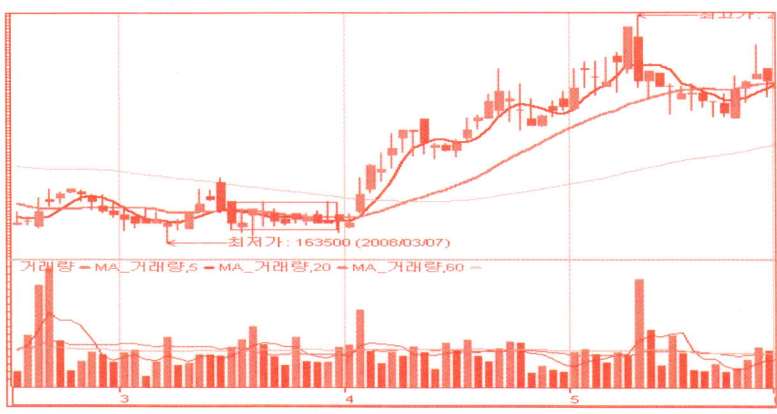

바닥은 장중 변동 폭이 크지 않다1.

바닥으로 확인된 시점이 거래량이 증가하지 않고 있음에도, 장중 변동 폭이 노란박스 안에서 보면 크지 않다는 것을 알 수 있다. 거래량 증가보다는 투자심리가 반영된 캔들의 모양이 시사하는 바가 더 크다는 것이다.

단기선이 중기선을 골든크로스하는 것이나 거래량이 증가하는 것도 자주 언급되는 바닥 확인 신호다. 하지만 더욱 설득력 있는 것은 장중 변동 폭의 축소라는 것을 바닥권을 노리고 매수할 종목을 찾을 때는 반드시 기억하자.

또 다른 시그널은 수급선이 형성되는 90일간, 즉 3개월간 추세 하락을 보인 종목을 주목하는 것이다. 무조건 추세 하락이 3개월간

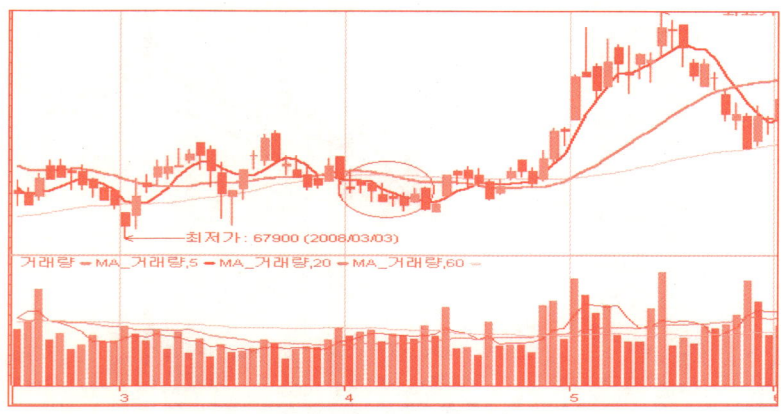

바닥은 장중 변동 폭이 크지 않다2.

지속됐다고 오르는 것은 아니지만, 6개월여 상승 폭이 이어진 종목이 피로도가 쌓이는 것처럼 3개월간 하락이 지속된 종목은 에너지가 결집력을 키울 수 있다는 것을 알아야 한다.

아래 차트는 정확히 3개월간 하락을 보이고 하락 끝단에서 장중 변동 폭이 줄어드는 모습을 보이고 있다. 우리가 흔히 알고 있는 거래량 증가는 없지만, 5일선이 고개를 들고 있기 때문에 상승을 위한 방향 설정이 가능한 모습으로 볼 수 있다. 이처럼 완만하지만 지속적으로 하락한 기간이 3개월 정도 되는 종목은 오늘부터 그 추세를 지켜보고, 캔들의 몸통이 작아지는 모습을 보이고 있는지 알아보자. 누구든지 시간만 투자하면 알 수 있는 아주 쉬운 접근법이다.

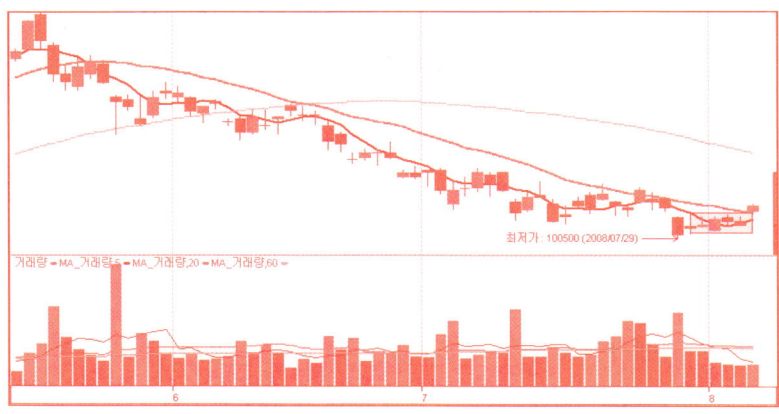

3개월 하락 끝에서는 매수 관점으로 주목하자.

미국경제지표

뉴스를 통해 국내 경제의 대외개방 확대와 통화량, 물가 그리고 국제수지 등 경제지표에 관한 예상치 못한 정보들이 시장에 쏟아져 나온다. 이는 시장참여자들의 미래에 대한 기대에 영향을 미침으로써 금리나 환율의 변동을 초래하기도 한다. 그 결과는 결국 주가에도 영향을 미치기 때문에 적어도 일반적으로 사용하는 경제용어의 개념 정도는 이해하는 것이 필요하다.

"우리나라 경제지표도 모르는데 외국지표까지 봐야 하나?" 하고 생각할 수도 있겠지만 어쩌겠는가! 외국인투자자들의 매매 형태를 주목하지 않을 수 없는 현실이니, 그들이 근거로 보는 지표를 봐야 투자의 방향 설정이라도 할 수 있을 것이다.

1. 국민총생산(Gross National Product)

한 나라에서 일정 기간 동안 생산된 재화 및 용역의 시장가치를 나타내는 GNP는 경제활동과 그 결과 얻어지는 경제적 성과를 광범

위하게 측정하는 주요 지표로서 경제정책 입안자에게 경제성장 정도에 대한 척도를 제공한다.

매 분기별, 연도별로 발표하는데 해당분기 다음 달의 20일쯤에 10억 불 단위의 연율로 발표하고 해당분기 다음 다음달에, 그리고 1년에 한 번 수정 발표한다. 처음 발표하는 GNP 수치는 불완전한 수치를 토대로 하고 있기 때문에 추후 큰 폭으로 수정될 여지가 많다.

2. 노동시장 지표

노동통계국에서 매월 첫째 금요일, 때로는 둘째 금요일에 발표하는데 전월의 경제활동을 전반적으로 살펴볼 수 있는 첫 번째 자료다. 220,000여 개의 사업장을 대상으로 고용자 수를 조사하는 Payroll Survey 방식과 60,000여 개의 가구를 대상으로 고용자 수를 조사하는 Household Survey 방식이 있으며 두 가지 모두 12일이 포함되는 주에 실시한다.

경제분석가들은 비농업부문고용자수(Non-Farm Payroll)를 중요시하는데 월별 경제지표로서의 정확성과 분기별 GNP 예측에 유용성이 있기 때문이다. 한편 신규실업보험청구건수(Jobless Claim)는 매주 목요일 아침에 발표되며, 전 주(週)에 일시적인 강제휴업

(Layoff)으로 인하여 쉬고 있는 사람의 수를 나타낸다. 지난 주 동안의 비고용인원수와 이를 기초로 계산된 4주 동안의 평균 비고용인원을 산출해보면 월 중 실업률을 추정할 수 있다.

3. 소매판매고(Retail Sales)

상무성에서 매월 13일 혹은 14일께 발표한다. 자동차판매상, 백화점, 음식점, 주유소, 양화점, 약국 등 소매상점에서 판매한 제품의 달러 가치를 의미하는데, 통상 전체 소비자지출액의 절반 혹은 GNP의 1/3 정도를 차지한다. 처음 발표되는 월 중 소매판매고는 불완전한 자료를 토대로 얻어지기 때문에 나중에 크게 수정되지만, 소비자지출액을 추정할 수 있는 첫 번째 자료라는 점에서 그 중요성이 있다.

4. 산업생산지수(Industrial Production Index)

공장, 광산 등지에서 실제로 생산한 물리적인 생산품의 양을 측정한 것으로서, 제조업 분야에서의 활동이 전체 산업생산지수의 약 85%, 실질 GNP의 약 40%를 점하고 있으며 경기순환적인 성격을 띠고 있다. 1977년을 기준으로 한 개의 지수로 산출하여 매월 15일께 발표한다.

5. 구매관리자협회지수(Institute Supply Management)

250여 개의 제조업체 구매담당 책임자들을 대상으로 해당 회사의 경제적 활동, 예컨대 구매 주문량, 고용, 생산, 제품가격, 재고 등이 증가하였는지 감소하였는지를 조사하여 산출하는 자료다. 제조활동의 전환점을 잘 알려주기 때문에 많은 주목을 받을 뿐만 아니라, 고용통계가 발표되기 전에 동 지수가 발표되면 해당 월의 제조활동을 파악할 수 있는 첫 번째 자료가 되기 때문에 유용성이 더욱 크다.

조사결과는 하나의 수치로 발표되는데 곧 경기동향지수(Diffusion Index)로서의 성격을 갖게 된다. ISM지수가 50% 이상이면 제조활동이 증가하고 50% 이하면 감소한다고 해석하며, 44% 이하면 통상 일시적인 경기후퇴 단계에 진입하는 것으로 인식한다. 전월대비 증감률과 함께 50%를 기준으로 한 절대수치도 고려해야 한다. 예를 들어 이번 달의 ISM이 52%이고 지난 달이 53%였다면 50%를 넘으므로 제조활동은 증가하고 있으나, 전월대비로 보면 그렇게 왕성하게 증가하였다고는 볼 수 없는 것이다. 동 지수는 보통 매월 첫 번째 영업일에 발표된다.

6. 주택착공건수, 허가건수(Housing Starts / Building Permits)

주택이나 아파트 신축 건수를 말하는데 건설경기는 통상 전체 경기순환 예측을 위한 좋은 사전지표가 되는 까닭에 주택착공건수는 경기순환의 전환점을 판단할 때에 유용하다. 매월 주택착공건수는 단독주택과 아파트와 같은 다세대주택의 착공건수로 나뉘는데, 전자는 경제 상황과 주택담보대출금리에 민감한 한편, 후자는 정부의 공공개발계획의 영향을 많이 받는다. 또한 주택착공건수와 함께 발표되는 주택착공 허가건수를 보면 장래의 건설경기를 예측할 수 있다. 주택착공은 날씨와 계절의 영향을 크게 받기 때문에 과거 자료에 의거, 계절적 요인을 감안한 후 평준화시킨 수치를 상무성에서 발표하며 주거용 건축물만을 포함한다.

7. 신규주택판매(New Home Sales)

신규주택 판매수와 함께 팔리지 않고 남아 있는 주택수도 발표된다. 제품과 마찬가지로 과거 자료를 통해 신규주택의 판매수에 대한 재고주택수의 비율을 살펴보면 평균치 6을 기록하고 있는 바, 이 비

율이 6보다 훨씬 크면 신규주택 착공건수가 줄어들 것이고, 6보다
훨씬 작으면 신규주택 착공건수가 증가할 것으로 예상한다.

8. 무역수지(Merchandise Trade Balance)

수출금액과 수입금액과의 차이를 의미하며, GNP 계정의 순수출
액 산출을 위한 기초자료가 되는 월별 무역수지는 가격변동 영향이
제거되지 않은 상태로 발표되기 때문에 잘못된 예측결과를 낳을 수
도 있다. 또한 월별 무역수지는 계절적 특수요인에 의해 영향을 받
으며 매월 중순께 발표된다.

인플레이션 부문

9. 소비자물가지수(Consumer Price Index)

가장 널리 알려진 물가수준 판단척도로서 최종소비자의 장바구
니 물가수준을 측정하는 지표다. 소비자가 주로 구매하는 제품 및
용역의 구성비율에 따라 가중치를 주어 산출하게 되는데, 예컨대 가
계소득 예산의 20%를 특정 제품의 구입에 지출한다고 가정할 때 동
제품의 가격상승률을 CPI에 가중치를 주어 반영시킨다. 식료품과

에너지는 날씨와 같은 일시적이고 비경제적인 요인에 따라 가격변동이 심하므로 두 가지 요소를 제외한 CPI Core Rate를 주목하여야 한다. 월별 변동률과 전년동기대비 변동률을 살펴보면 인플레이션에 대한 유용한 정보를 얻을 수 있다. 생산자가격지수는 서비스를 제외한 상품가격만을 대상으로 하고 생산자 및 도매상가격지수라는 점에서 CPI와 차이점이 있다. 노동통계국에서 잡화상, 주유소, 백화점, 레스토랑, 병원, 이발소 등 수천 개 업소로부터 가격 정보를 얻어 평균화시킨 가격 수준으로 매월 중순쯤에 발표하는데 1982년 물가를 기준으로 한다.

10. 생산자가격지수(Producer Price Index)

이전에는 도매물가지수라고 불렀었는데 완제품에 대한 PPI가 관심의 초점이 되며, 월중 인플레이션 관련 지수로서는 제일 먼저 발표되기 때문에 동 지수에 의해서 전월의 총체적인 물가상승 수준을 가늠할 수 있다. 식료품과 에너지를 제외한 지수가 더 큰 유용성이 있으며, 서비스는 포함되지 않는다는 점에서 CPI와 다르다.

11. 경기선행지수(Index of Leading Economic Indicators)

전체적인 경기순환 방향보다 앞서 나타나는 11개의 독립경기지수를 가중 복합하여 얻은 경기선행지수를 살펴봄으로써 경기회복 또는 침체 국면을 파악할 수 있다. 복합경기선행지수를 구성하는 지수가 여러 개이기 때문에 어느 한 달치의 경기선행지수 결과만을 보고 경제가 처해진 국면이나 장래를 예상하면 안 되고, 몇 개월 동안 연속적으로 동 지수가 증가하는가 또는 감소하는가를 지켜봄으로써 판단의 정확성을 기해야 한다.

12. 소비자신뢰지수(Consumer Confidence Index)

소비자신뢰지수는 미국 경제 상태를 나타내는 경기선행지수의 하나로, 민간조사그룹인 컨퍼런스보드(Conference Board)가 매월 마지막 화요일 현지시간 오전 10시에 발표한다. 이 지수는 현재의 지역경제 상황, 고용 상태와 6개월 후의 지역경제, 고용 및 가계수입에 대한 전망을 조사하여 지난 85년 평균치를 100으로 기준 삼아 비율로 표시한다.

국내에서 발표되는 비슷한 성격의 경제지표로는 통계청에서 매월 18~20일경에 발표하는 소비자기대지수가 있다. 소비자기대지수는 6개월 후의 경기, 생활형편, 소비지출계획 등에 대한 인식을 조사한 것으로 향후 소비동향을 나타내는데, 기업들에 대한 경기전망을 나타내는 기업경기실사지수와 함께 향후 경제 동향을 파악하기 위한 유용한 지표가 되고 있다. 최근 발표된 소비자기대지수는 2개월 연속 상승한 것으로 나타나서 국내 경기 및 주가도 조만간 바닥을 확인하고 반전할 것인지에 대한 기대를 높이고 있다.

13. 베이지북 연방조사보고서(Beige Book Fed Survey)

현재의 경기에 관한 조사로 공식적으로 알려진 베이지북은 연방준비은행에 의해 1년에 8회 발표된다. 은행 및 지점장의 보고서와 주요 기업모임, 경제학자, 시장전문가와 다른 정보원으로부터의 인터뷰를 통해 작성되며, 조사의 각 부분에는 현재의 경제와 기업환경에 관한 정보를 담고 있다. 베이지북은 각 지역과 부문의 경기정보에 초점을 맞추고 있다. 조사는 일반적으로 4주 동안 지속된 경제상황을 분석하며, 역시 1년에 8회 개최되는 연방공개시장위원회(FOMC) 2주 전에 발표된다. 베이지북은 FOMC가 통화정책에 관한 결정을 내리는 데 유용한 지표가 된다. 그러나 어떤 이들은 뒤늦은 보고서라고 폄하하기도 한다. 베이지북은 보고서의 표지색깔을 따서 붙인 말이다.

14. 내구재주문(Durable Goods Orders)

내구재주문은 자본재(기계류, 공장과 설비), 차량, 시설주문 등과 같은 주요 목록을 포함한다. 이들은 생산의 변화와 그로 인한 경제 변동의 전환신호를 예상하게 해준다. 그러나 항공기나 정부발주와 같은 큰 수치는 경제 변동성을 매우 크게 한다. 이 지수는 발표되기 일주일 전에 완전한 자료가 되도록 하기 위해 수정을 한다. 내구재 주문 자료는 국방이나 운송물 주문을 빼고 3개월 이동평균과 연간 변화율을 계산할 때 더 유용하게 쓰일 수 있다.

15. 공장주문 및 제조업 재고(Factory Orders and Manufacturing Inventories)

많은 측면에서 이 지표는 1주일 전에 발표되는 내구재 주문의 재판이라 할 수 있다. 그러나 공장주문보고서는 비내구재의 주문과 선적량, 제조업 재고, 재고와 판매량의 비율에 관한 자료를 포함하고 있기 때문에 숙고해볼 가치가 있다. 주문에 관한 자료는 앞으로 다가올 몇 개월의 생산의 추세에 관해 정보를 제공해주기 때문에 유용하다. 이 지표는 매우 불안정하고 특정 월의 예상치와 실제가 3~4 포인트 정도 바뀔 수 있다. 즉, 이 지표들은 크게 수정될 수 있으며 예상하기도 매우 어렵다.

16. 국내총생산(Gross Domestic Product)

국적에 상관없이 한 국가 안에서 생산된 재화와 서비스의 시장가치를 평가한 것이다. 국민총생산(GNP)이 국민에 착안한 통계인 데 비해 GDP는 국토 내에서의 생산에 착안한 통계다. 외국인이 한 국가 안에서 생산한 것은 GDP에는 계상되지만 GNP에는 포함되지 않는다. 자국민이 외국에서 생산한 것은 GNP에는 포함되지만 GDP에는 포함되지 않는다. GDP는 네 가지 주요 구성요소가 있다. 소비, 투자, 재정(정부지출), 수출이다. 핵심적인 수치는 매 분기 발표되는 전분기 대비 성장률이나 전년도 대비 성장률이다. GDP 보고서는 세 가지의 발표가 있다.

1) 추정발표(advanced release – first)
2) 예비발표(preliminary release – 1st revision)
3) 최종발표(final release – 2nd and last revision)

이러한 수정치들은 시장에 실질적인 영향을 미친다.

17. 개인수입(Personal Income) / 개인소비지출(Personal Consumption

Expenditures)

　PCE로 알려진 개인소비는 시장에서 개인에 의해 거래되는 모든 재화와 서비스의 변화를 알려준다. 이는 GDP의 가장 큰 구성요소다. 개인수입은 개인이 거둔 모든 수입을 계상한 수치의 변화를 나타낸다. 수입원에는 임금 및 급료, 경영자수입, 임대료, 배당금 및 이자, 이전수입(사회보험, 실업수당, 복지수당) 등이 포함된다. 이 두 수치의 발표를 통해 가처분소득(=개인소득-세금)에서 소비를 뺀 금액을 가처분소득으로 나눈 저축률을 계산해낼 수 있다. 지속적으로 떨어지고 있는 저축률은 소비자 지출 유형에 대한 신호이기 때문에 살펴봐야 할 중요한 지표가 되었다.

18. 구매자관리지수(Purchasing Managers' Index)

　이 지수는 기업신뢰도를 평가하기 위해 선진국에서 널리 이용된다. 독일, 일본, 영국은 PMI 조사를 제조 및 서비스 산업에 이용한다. 수치들은 기업활동, 신규사업, 고용, 투입물가격, 판매가격, 산업전망 등에 관한 일련의 질문을 통해 산출된다. 핵심수치에 더해 기업의 가격결정력과 인플레이션 위험을 평가하기 위해 요소비용이 시장에서 면밀히 조사된다.

주식에 대한 시황은 매일 바뀔 수밖에 없다. 기업의 본질가치만 가지고 주가를 결정할 수 없는 것처럼 우리 시장에 상장돼 있는 기업의 내용만으로 주식시장을 파악할 수는 없기 때문이다. 하지만 매매가 아니라 투자를 한다면 하루하루 바뀔 수밖에 없는 시장흐름에 민감하게 반응하는 것은 결코 계좌에 도움이 되지 않는다.

지금은 1980년대의 주먹구구식 투자가 먹히는 때가 아니다. 따라서 주식투자가 짧은 시간 안에 일확천금을 주는 도깨비 방망이가 될 수 없다. 시간이 가면 매번 황금알을 낳는 거위가 될 수도 없다. 하지만 투자라는 개념으로 접근한다면 투자한 시간만큼 수익을 챙길 수 있는 기회는 늘어날 수 있다.

주식으로 손해를 봤어도 남을 탓한다고 해결되지는 않는다. 돌아다니는 저 많은 정보 속에서 진실되고 순도 높은 정보를 찾아내기 위해서는 투자자 스스로 공부를 해야 한다. 그저 편하게 누군가 얘기해주는 종목을 귀동냥해서 돈을 벌겠다고 생각한다면 지금 당장 주식시장을 떠나는 게 현명하다. 그래야 귀중한 돈을 잃지 않을 수 있고, 그 시간에 다른 재테크 방법을 통해 수익을 챙길 수 있기 때문이다.

주식시장에서는 돈 잃은 투자자가 바보가 된다. 현명하지 못했고 현명하려고 노력하지도 않았기 때문이다. 처음 주식에 투자하는 초보자라면 떠도는 소문에는 두 귀를 꼭 막고 우량주라는 카테고리를 조금 넓혀 코스피 200 안에서만 종목을 선정하자. 그리고 시장흐름과 종목의 가치가 주가에 반영되는 흐름을 파악한 후에 투자 가능한 종목 수를 넓히는 것이 중요하다. 누군가 3개월에 몇백 %의 수익을 올렸다고 해서 나도 그 투자 패턴을 그대로 따라하는 것은 스스로 망하는 지름길로 가는 것이다.

시간이 촉박한 돈이나 여기저기에서 융통한 돈으로 주식을 사지 말라는 것은, 이런 경우 시간을 투자할 수 없기 때문이다. 시간을 충분히 투자할 수 있는 자금을 종자돈으로 하여 주식에 투자한다면, 처음부터 큰 수익을 낼 수는 없을지라도 시간에 비례하는 수익을 챙길 기회는 얼마든지 있다. 주식시장은 누구에게나 돈 벌 기회를 제공하지만 그 기회는 시간에 비례하기 때문이다.

오늘도 새로운 투자자들이 주식시장으로 발을 들여놓고 있다. 물론 허망하게 손실을 본 투자자들은 주식시장을 떠나게 된다. 늘 같은 수의 투자자들이 있는 것 같지만 투자자는 계속해서 바뀌고 있는 것이다. 일반투자자 한 명이 주식시장에서 떠난다고 해도 누구 하나 위로의 말을 건네지 않는다. 왜냐하면 또 다른 투자자가 그 자리를 채워주기 때문이다.

독자 여러분이 주식시장을 떠날 수 밖에 없는 한 명의 투자자가 되지 않기 위해서는 덤벙대지 말고 반드시 정확한 근거를 스스로 체크하는 부지런함이 필요하다. 약삭빠르게 그저 눈치로 시장에 대응해서는 안 된다는 것이다. 주식투자를 시작했다면, 혹은 시작할 계획이라면 매매와 투자에 분명한 선을 긋고 시작해야 한다. 단타매매로 수익을 내기는 역부족일 수 있지만 시간을 함께 투자한다면 충분한 승산이 있다는 것을 명심하라. 그러기 위해서는 투자의 귀재들의 대단하지 않지만 따라하기 어려운 투자원칙을 따라하려는 노력도 필요하다.

가치주 투자의 귀재인 벤자민그레이엄의 첫 번째 투자원칙은 '절대로 손해보지 말 것'이며, 두 번째 원칙 역시 '절대로 손해 보지 말 것'이다. 투자원금을 잃지 말고 지켜내야 한다는 것을 의미한다. 그의 전략대로라면 최소한 주가가 기업의 순자산가치의 2/3 이하일 때 주식을 매수하고 그렇지 않다면 매수를 하지 않아야 한다. 이것을 지키기 위해서는 기업의 가치를 정확하게 분석하는 혜안이 필요하기 때문에 일반투자자에게는 어려울 수도 있다. 하지만 그가 지키는 10가지 원칙을 따라 하려는 노력을 한다면 분명 자신만의 투자원칙이 생길 수 있을 것이다. 다음은 그가 지키는 10가지 원칙이다.

1. PER의 역수가 AAA 회사채 시장수익률의 2배보다 큰 종목

2. 현재의 PER이 과거 5년간 평균 PER의 40% 이하인 종목

3. 배당수익률이 AAA 회사채 시장수익률의 2/3보다 큰 종목

4. 주가가 주당 순자산의 2/3 이하인 종목

5. 주가가 주당 순유동자산의 2/3 이하인 종목

6. 부채비율이 100% 이하인 종목

7. 유동비율이 200% 이상인 종목

8. 부채/순유동자산 비율이 200% 이하인 종목

9. 과거 10년간의 연평균 EPS 증가율이 7% 이상인 종목

10. 과거 10년 중 2년 이상 적자가 발생하지 않은 종목

주식시장에는 많은 투자의 귀재들이 있다. 이들 중 누구의 투자원칙이 좋고 누구의 투자원칙은 안 좋다고 말할 수는 없다. 하지만 누가 되었든 벤치마킹하여 따라 한다는 게 일반투자자에게는 쉽지만은 않은 일이다. 반드시 기억해야 할 것은 망할 기업은 이미 재무제표상 수치가 알려준다는 점이다. 일정한 수준의 부채비율을 넘어선다든지 지속적으로 적자가 발생한다면 기업으로서의 위치가 불안해질 수 있다. 이런 종목을 피한다면 안정적인 수익을 낼 수 있고 장기투자로 계좌가 살찌는 시점을 느낄 수 있을 것이다.

또한 다 아는 얘기라고 흔히 지나치기 쉬운 주식시장의 투자격언도 반드시 따르는 것이 좋다. 설마 한다거나 거래량이 증가한다는 지엽적인 근거로 격언을 무시했다가는 낭패를 당할 수 있기 때문이다. 많은 증시격언 중 시장흐름에 부합되고 일반투자자들이 반드시 짚고 넘어가야 하는 내용을 정리해보면 다음과 같다.

달걀은 한 바구니에 담지 마라

어떤 경우에도 소위 몰빵을 해서는 안 된다. 가장 많이 듣는 격언이지만 가장 지키기 힘든 격언이기도 하다. 필자에게 상담을 받는 투자자들의 경우, 손실 폭이 큰 투자자들은 대부분 한 종목으로 승부를 걸고자 했던 투자자들이었다. 혹자는 분산투자를 하라고 하니까 증권주만 5종목을 사고 분산투자했다고 하는 경우도 있는데, 분명 잘못된 투자다. 한 계좌에는 3종목 정도로 분산투자하는 것이 최선의 종목 분산투자가 아닐까 싶다.

대량거래가 지속되면 마무리하라는 신호다

보유한 종목이 상승을 지속하면서 전고점을 치고 나가게 되고 거래량이 증가하는 모습을 보이면 물량소화 후 추가상승이 가능하다는 얘기가 나오게 된다. 하지만 고점에서 물량이 지속적으로 터진다는 것은 매도세가 물량을 털어내고 있다는 것이다. 이럴 수도 있고 저럴 수도 있다면 부정적인 경우를 생각한 투자가 정석이다.

정부 정책에 대항하지 마라

아무리 기술적으로 좋은 모습을 보이고 있고 기업의 본질적인 내용이 좋다고 해도 정부의 정책과 배치되는 종목군이라면 매수해서 득이 되지 않는다는 것이다. 특히 새로운 정부가 들어서는 시점에서는 정부의 정책과 부합하는 종목을 공략하는 것이 유효하다는 것을 의미한다.

대중은 항상 틀리고 있다

일반적으로 대중은 거짓정보를 판단하는 능력이 부족하고 분위기를 따라가는 습성이 있다. 그렇지 않다면 많은 일반투자자들이 손해를 보지 않을 것이다. 그런데 현실은 분명히 일반투자자들에게 손실을 주고 있다. 수익을 내려면 대중화된 시장흐름에는 따라가지 않은 것이 좋다.

버는 것보다 잃지 않는 것이 중요하다

주식투자에 성공하기 위해서는 수익을 많이 올리는 것도 중요하지만, 이를 지키는 것이 더 중요하다. 대부분의 투자자가 범하는 우가 바로 이것인데, 일부 종목에서는 벌었는데 몇몇 종목에서 크게 손절매를 하고 나면 남는 것이 없다는 것이다. 이는 위험관리가 안되었기 때문이다. 성공적인 위험관리를 위해서는 투자수익을 지키려는 노력이 필요하다. 처음부터 무리하지 말고 확신이 설 때만 작은 거래부터 시작해 목표한 수익을 달성한다. 그 다음이 중요한데, 이것이 달성되면 더 수익을 올리겠다는 욕심보다는 이것을 잃지 않고 지키겠다는 마음을 갖는 게 중요하다.

시세판만 쳐다보면 돈을 벌 수 없다

초단타 매매기법이 보편화되면서 주식시세에 하루 종일 매달리는 사람이 많다. 그러나 단타를 치는 경우가 아니라면 매분 매시간 주가변화에 민감하게 반응하는 것은 투자에 도움이 되지 못한다. 소위 말하는 큰손이 개미들에 비해 승률이 높은 것은 긴 안목에서 투자하기 때문이다. 큰손들은 오히려 가끔 객장에 나가며, 시세판을 보기보다는 분위기를 살핀다. 개미들이 흥분해서 주식을 사려고 할 때 조금씩 팔기 시작하고, 개미들이 공포에서 손절매를 하려 할 때 서서히 매집한다.

주가변동에 따라 손익이 뚜렷한 주식시장에서 여유를 가지고 긴 안목으로 투자하는 것이 말처럼 쉬운 일은 아니지만, 자신의 투자 패턴에 문제가 있다고 생각한다면 투자방식을 한 번쯤 바꾸어보는 것도 좋다.

이유 없이 내릴 때는 팔아라

주가는 널리 알려지지 않은 작은 뉴스 보도를 보면서 상승하는 경우가 많다. 시세가 올라가고 있고 대다수의 투자자들이 그 이유를 의심할 때가 바로 믿을 만한 매입신호다. 또한 뉴스에서 연일 악재를 보도하고 대다수의 투자자들이 모두 팔려고 할 때가 주식을 가장 잘 살 수 있는 시기다. 시세가 내려가고 있고, 모두가 그 이유를 모를 때는 팔아야 한다.

일반투자자들은 감정에 더 이끌리는 경우가 많으나 시장의 기술적 분석에는 감정이 없다. 그러므로 분석지표를 믿어야지, 일반투자자들을 혼란시키는 감정적 호소를 믿어서는 안 된다.

시장게임의 핵심은 뉴스 보도보다 얼마나 먼저 정보를 획득하고 시장게임에 참여하느냐에 달려 있다. 뉴스 보도가 좋아지고 불신이 신뢰로 바뀌면 상승은 언제나 짧게 끝난다. 미리 팔아버린 시세에도 오지 못하는 경우가 많다는 것이다. 설마 하고 있다가는 진짜로 돌이킬 수 없는 낭패를 볼 수 있다.

주식과 결혼하지 말라

투자자는 누구나 자신이 산 주식에 대해 관심과 애착을 갖는다.

그러다 보면 자기 주식에 대해 냉철한 평가를 할 수 없게 된다. 수집한 자료에 대해 좋은 정보만을 확대해석하고 반대로 단점이나 악재는 과소평가하게 된다. 주식 평가에 주관이 개입 돼서는 안 되는데도 말이다.

이렇듯 지나친 애정을 갖다 보면 설령 주가가 오르더라도 팔지 못하게 되는 경우가 생긴다. 반대로 주가가 떨어져도 주식의 가치가 시장에 제대로 반영되지 않았다고 버티는 일도 많다. 결국 매매 타이밍을 잡지 못하고 실패를 보게 된다. 주식투자의 목적은 주식 자체가 아니라 시세차익을 얻는 데 있다. 자신이 가진 종목이 좋다고 생각해도 남들이 나쁘다고 생각하면 주가가 오를 리 없다. 주식에 대한 평가는 냉철하고 객관적으로 이뤄져야 한다.

산 가격은 잊어버려라

주식투자를 통해 실패한 투자자들의 특징을 살펴보면 일단 주식을 사면 이익을 보기 전에는 팔지 않는다는 고집이 있다. 즉, 자기가 산 가격 이하에서는 주식을 팔지 못한다는 것이다. 이런 마음을 이해하지 못하는 것은 아니지만, 주식이란 것은 일정 기간 보유한다고 해서 원래 가격으로 돌아온다는 보장이 없다. 따라서 손해 본 주식을 오랫동안 보유하는 투자 방법은 매우 위험하다.

주식은 사는 순간 산 가격을 잊어야 한다. 그래야 투자 손실을 줄이고 이익은 최대로 할 수 있다. 다시 말해 손해를 많이 봤더라도 더 하락할 가능성이 있으면 팔아야 하고, 이익을 많이 냈더라도 더 오를 가능성이 있으면 팔지 않는 투자습관을 길러야 주식투자에 성공할 수 있다.

주식투자로 모두 성공하시기 바랍니다. **하. 제. 누. 리.**